Jw_cadで始める
建築2次部材の構造計算

山本満・四井茂一 著

彰国社

「本書をご購入・ご利用になる前に必ずお読みください」

- 本書は、作図中のCADデータを利用して手軽に部材サイズを求めることにより、建築構造計算の基礎知識とその使い方を習得しようとするものです。正規の構造計算書を作る手順とは異なります。この主旨をご理解いただきご利用ください。
- 本書は執筆時点（2018年4月）の情報に基づいて制作されております。そのため、以降の製品、サービス等の情報の内容変更には対応しておりません。
- 本書は、「Jw_cad」の外部変形による必要断面性能を求めるソフトをダウンロードしてご利用いただけます。そのため、「Jw_cad」がインストールされている必要があります。
- 外部変形による必要断面性能を求めるソフトのダウンロードは有限会社アクトと株式会社彰国社のホームページから行うことができます。内容については、5ページに記載されております。
- 本書は、Windows7/8.1/10（32bit・64bit）がインストールされたパソコンで「Jw_cad Version 8.03a」を使用して解説を行っています。そのため、ご利用になっているOSやアプリケーションのバージョンによって、画面や操作方法が異なる場合があります。

【Jw_cadについて】
- Jw_cadは無償のフリーソフトです。そのためJw_cadについて、作者、著作権者、ならびに株式会社彰国社はサポートを行っておりません。ダウンロードやインストールについてのお問合せも受け付けておりません。個人の責任で使用してください。
- 本書は、Jw_cadをすでにお使いの読者を想定しています。そのため、Jw_cadで作図するなどの操作方法は掲載しておりません。

【著作権について】
- 「Jw_cad」の著作権者は清水治郎氏、田中善文氏です。本書の製作にあたり、許諾をいただいております。
- 「必要断面性能」計算ソフトの著作権は有限会社アクト、山本満氏にあります。
- 「Windows」は米国Microsoft Corporationの米国および他国における登録商標です。

装丁・デザイン　小林義郎
イラスト　すずきみほ

はじめに

　壁に取り付けられているものや天井にあるはずのものが、突然、頭上に落ちて来たらと想像すると、身が震えます。人の命を預かるという視点で見ると、手摺も窓を遮光するアルミのルーバーも同様に、建物本体と何ら変わらない責任があるのだと気づきます。そのどれひとつが崩れても惨事を招くことになるからです。これまで建築2次部材の図面を描くときに、改めて強度について考える習慣はあまりありませんでした。問題になることがほとんどなかったからです。しかし、事情は変わりました。想定を上回る災害や事故が相次ぎ、建物の小さな付属物でも危険を招くことがあるのだと人々の安全に対する目が厳しくなっているからです。このような状況のなか、建築2次部材の強度について対応に迫られ、構造計算の知識を手にしたいと望む方々が増えています。ところが、日々の業務に追われ、特別な学習時間など取れるものではありません。たとえ時間を作っても、効率良い学習法はあるのか、時間の無駄ではと思案するうちに時は経ち、気づけば今も構造計算は手の内にない。なんとかならないものか。また、できるものなら身に付けたい技術だが、機会がない。そう考えている方は多いのではないでしょうか。

　そんな思いに応えるのが本書です。ここで紹介するのは「**Jw_cadで作図しながら建築２次部材の構造計算を始める方法**」です。Jw_cadの外部変形から計算ソフトを呼び出します。そして作図中の図面から、部材の必要数値を入力すると結果が表示され、そこから適切な部材サイズを得ることができます。作図の過程で十分な強度の部材のサイズを知ることができれば、後の心配事を事前に回避することができます。第1章では、何故それだけの操作で答えが出るのか、その考え方と仕組みの概要を知ることができます。さらに第2章では、用意した17個のソフトを効果的に使用して、具体的な事例を挙げて解説します。

　計算を始めるのは簡単です。本書で提供する外部変形用のダウンロードファイルを解凍し、Jw_cadがインストールされているフォルダにコピーするだけです（利用される方は、添付ファイルの"はじめにお読みください"に記載した、免責事項と著作権に同意したものとされますので、必ずご確認ください）。

　有限会社アクトでは、このソフトの原型版を長年実務で使用しています。私たちは、30年ほど前に建築金物の施工図を描く事務所を開設しましたが、その前には、建築設計事務所に勤務していました。そのころは意匠設計をしていても、専門家に

指導をしてもらい構造計算を手伝うことは日常の業務でした。「もたない絵を描くな」とよく叱られました。振り返れば、専門分野が渾然としていたころのように思います。施工図事務所を開設以来、4,000件を超える建設工事に関わり、同時に製品と取付けの強度について多くの相談を受けました。現在は、建築2次部材の構造計算について、毎年200件ほどの相談をいただきます。営業日で言えば、毎日1件の割合です。第一線の方々にとってTime is maneyです。それだけの件数に的確に応えるには、特別なツールが必要になりました。自社でソフトを開発するのはそんな事情からです。

　自然災害が相次ぎ建物の強度が問題となるなかで、建物の付属物という扱いだったものが、人命を左右すると認識されるようになりました。その大きな変化は、設計者に求められる知識を急激に増やしています。私の見るところ、それを受け止めるのは、そこに居合わせるひとりひとりの責任感ある人たちです。限られた時間と予算のなかでその変化に応えることは、ひとりの人にとって、とても大きな試練です。そんな様子を見るにつけ、構造計算の知識がもっと広がり一般化されればよいのにと感じます。

　Jw_cadには素晴らしい機能が用意されています。作者の方々の慧眼だと思います。CADを使って計算をするのはとても新鮮で面白いので、本書を糸口に、構造計算とは意外に面白いものだと、先に進む方が少しでも増えればと願う次第です。なお、Jw_cadの操作について本書では一切触れておりませんのでご了承ください。

　本書の内容は、実務とそれに伴う経験から生まれたもので、教科書のような正確さでなく使いやすさとわかりやすさに主眼をおいています。その点にご留意いただきご利用ください。

2019年1月

山本 満・四井茂一

必要断面性能を求めるソフトは、有限会社アクト（https://www.actworks.biz/dw/2u05zu83/）、株式会社彰国社（http://www.shokokusha.co.jp/DL/321247/）のホームページにアクセスしてダウンロードできます。ダウンロードしますと、下記の「はじめにお読みください」に免責事項と著作権についての注意書きが添付されておりますので、ご理解のうえご利用ください。

※Windowsのメモ帳では［書式（O）］からフォント「ＭＳゴシック」に設定してください。

```
#---------------------------------------------------------------
# Jw_cad で始める 建築2次部材の構造計算
# ダウンロード・データ
# SPWrite for Jw_cad
# 2018 / 07 / 23
# Copyright (c) ACT & WORKS. Yamamoto_Mitsuru
# https://www.actworks.biz/
#---------------------------------------------------------------
#
#=======================================
# ダウンロード・データをご利用になる方へ
#=======================================
#
# 以下は、有限会社アクトが企画・開発したソフトをご利用頂くためのお知らせです。
# ご利用される方は、以下の内容を許諾されたものとします。
#
# 本製品は、Jw_cad の外部変形としてのみ動作します。
# Jw_cad は、ご利用者の責任でご利用ください。
# Jw_cad のご利用に際しては、下記サイトの 著作権及び使用条件 を必ずご確認ください。
# http://www.jwcad.net/
#
#
#=======================
# 免責事項等
#=======================
#
# 1. 本製品は、Jw_cad の外部変形による必要断面性能を求めるソフトです。
# 2. 本製品の使用に起因する全ての障害および不利益に関して、有限会社アクト及び作者などのいずれも一切の責任を負いません。
# 3. 本製品にバグ等の不具合が発見されても、有限会社アクト及び作者などのいずれもバージョンアップなどの責任を負いません。
# 4. 本製品の内容については、将来予告なく変更する場合があります。
# 5. 有限会社アクトおよび作者の許可なくソフトの内容を変更、追加、一部削除などの改変を禁じます。
#
#================
# 動作確認
#================
# 本製品は、Jw_cad の外部変形としてのみ動作します。
#
# 以下の環境での動作を確認しています。
# SPWrite for Jw_cad （本ソフト） …… Jw_cad ver8.03a
# Windows 7 / 8.1 / 10  （32bit・64bit) 上記の Jw_cad が動作する環境
#
#=======================
# アーカイブの内容
#=======================
#
# ￥SP_Write.zip
# │
# ├はじめにお読みください.txt （このファイル）
# │
# │----------------------------------------
# │ Jw_図面ファイルを使い易いところに
# │ コピーしてください。
# │----------------------------------------
# │
# ├Jw_図面 ファイル
# │     ├21_001.jww
```

```
#  |       ├―21_002.jww
#  |       ├―22_001.jww
#  |       ├―23_001.jww
#  |       ├―24_001.jww
#  |       ├―25_001.jww
#  |       ├―26_001.jww
#  |       ├―26_002.jww
#  |       ├―26_003.jww
#  |       └―OP_001.jww
#  |
#  └―Jw_cad 外部変形
#     |
#     | ----------------------------------------------------------------
#     | 以下のACTフォルダと起動用バッジファイルをこの構成のまま
#     | Jw_cad がインストールされたフォルダ（JWWフォルダ）内にコピーしてください.
#     |
#     | 尚、不要の場合には 不要ファイルを削除してください.
#     | WindowsおよびJw_cadに影響を及ぼすことはありません.
#     |
#     | ----------------------------------------------------------------
#     |
#     ├―ACT―AL―アルミ型材-A6063-T5
#     |    |     |
#     |    |     ├―SPWrite_ACP_for_Jw_cad.exe
#     |    |     | SPWrite_ACW_for_Jw_cad.exe
#     |    |     | SPWrite_ASP_for_Jw_cad.exe
#     |    |     └―SPWrite_ASW_for_Jw_cad.exe
#     |    |
#     |    | RC―コンクリートコーン形状破壊
#     |    |     ├―SPWrite_corn_for_Jw_cad.exe
#     |    |     └―SPWrite_Re_corn_for_Jw_cad.exe
#     |    |
#     |    | ST―構造用鋼材-SS400
#     |    |     ├―SPWrite_Buck_for_Jw_cad.exe
#     |    |     | SPWrite_CPS_for_Jw_cad.exe
#     |    |     | SPWrite_CWS_for_Jw_cad.exe
#     |    |     | SPWrite_SPS_for_Jw_cad.exe
#     |    |     | SPWrite_SWS_for_Jw_cad.exe
#     |    |     └―SPWrite_weld_for_Jw_cad.exe
#     |    |
#     |    └―SUS―ステンレス材-SUS304
#     |          ├―SPWrite_Buck_SUS_for_Jw_cad.exe
#     |          | SPWrite_SUCP_for_Jw_cad.exe
#     |          | SPWrite_SUCW_for_Jw_cad.exe
#     |          | SPWrite_SUSP_for_Jw_cad.exe
#     |          | SPWrite_SUSW_for_Jw_cad.exe
#     |
#     | 起動用バッジファイル
#     ├―ACT_AL_01片持梁_集中荷重.bat
#     ├―ACT_AL_02片持梁_等分布荷重.bat
#     ├―ACT_AL_03単純梁_集中荷重.bat
#     ├―ACT_AL_04単純梁_等分布荷重.bat
#     ├―ACT_ST_01片持梁_集中荷重.bat
#     ├―ACT_ST_02片持梁_等分布荷重.bat
#     ├―ACT_ST_03単純梁_集中荷重.bat
#     ├―ACT_ST_04単純梁_等分布荷重.bat
#     ├―ACT_ST_座屈.bat
#     ├―ACT_ST_溶接.bat
#     ├―ACT_SUS_01片持梁_集中荷重.bat
#     ├―ACT_SUS_02片持梁_等分布荷重.bat
#     ├―ACT_SUS_03単純梁_集中荷重.bat
#     ├―ACT_SUS_04単純梁_等分布荷重
#     ├―ACT_Test_片持梁_集中荷重.bat (jwc_temp.txt 確認用・作図には必要ありません。)
#     ├―ACT_SUS_座屈.bat
#     ├―ACT_コンクリートのコーン状破壊_許容引張力.bat
#     └―ACT_コンクリートのコーン状破壊_必要水平投影面積.bat
#
#===========
# 著作権
#===========
# 本製品の著作権は、有限会社アクトならびに作者が有します.
# Copyright (C) 2018 ACT & WORKS. Yamamoto_Mitsuru
#
#-------------------------- 以上 ---------------------------------
```

目次

はじめに ……… 3

Jw-cadの外部変形でソフトを使う準備 ……… 8

1. いつものJw_cadで建築2次部材の構造計算ができます ……… 11
　1｜建築2次部材の構造計算の流れ ……… 12
　2｜図面情報を受け取る手順 ……… 21
　3｜建築2次部材の構造計算のコツ ……… 29

2. Jw_cadで建築2次部材を計算します ……… 35
　1｜フラットバー支柱の手摺 ……… 36
　2｜ペリカウンターカバーの下地 ……… 62
　3｜重量物を転倒させないアンカーボルト ……… 84
　4｜人のくぐり抜けを防止するブラケット金物 ……… 98
　5｜古い天井組を補強するブレース ……… 107
　6｜サッシを受けるH形鋼 ……… 125

おわりに ……… 159
参考図書および文献 ……… 160

Jw_cadの外部変形でソフトを使う準備

(1) ダウンロードファイル（SPWrite.zip）を解凍し開くと図1のファイルが表示されます。ファイル名末尾の「.zip」を、拡張子といいます。拡張子の表示は設定によりますので、あなたのコンピューターで表示されなくても問題ありません。図1の「はじめにお読みください」というファイルはWindowsのメモ帳で読むことができます。その中の免責事項、動作確認、著作権を必ずご確認ください。また、ダウンロードファイルの構成が書かれていますので併せてご確認ください。ファイル構成は、図2のようになっています。

(2) Jw_cad外部変形フォルダを開くと図3のように表示されます。このACTフォルダと起動用バッジファイルを構成のまますべてJw_cadがインストールされたフォルダにコピーします。Jw_cadフォルダは、標準インストールがされていれば、Cドライブの中にあります。

(3) Jw_cadを起動します。
　［その他（A）］から外部変形（G）を起動して、図4のようにメニューが表示されれば準備完了です。

(4) 図1のJw_図面ファイルのフォルダには、第1章と第2章で使うJw_cadの図面ファイルが収納されています。あなたのコンピューターの使いやすいところにコピーしてお使いください。

```
📁 Jw_cad 外部変形
📁 Jw_図面 ファイル
📄 はじめにお読みください.txt
```

図1

```
¥SP_Write.zip
├はじめにお読みください.txt (このファイル)
│  --------------------------------------------------
│   Jw_図面ファイルを使い易いところに
│   コピーしてください．
│  --------------------------------------------------
├Jw_図面 ファイル
│         ├21_001.jww
│         ├21_002.jww
│         ├22_001.jww
│         ├23_001.jww
│         ├24_001.jww
│         ├25_001.jww
│         ├26_001.jww
│         ├26_002.jww
│         ├26_003.jww
│         └OP_001.jww
│
└Jw_cad 外部変形
    --------------------------------------------------
     以下の ACTフォルダと起動用バッジファイルを この構成のまま
     Jw_cad がインストールされたフォルダ（JWWフォルダ）内にコピーしてください．

     尚，不要の場合には 不要ファイルを削除してください．
     WindowsおよびJw_cadに影響を及ぼすことはありません．
    --------------------------------------------------
    ├ACT─AL─アルミ型材-A6063-T5
    │        ├SPWrite_ACP_for_Jw_cad.exe
    │        ├SPWrite_ACW_for_Jw_cad.exe
    │        ├SPWrite_ASP_for_Jw_cad.exe
    │        └SPWrite_ASW_for_Jw_cad.exe
    │    RC─コンクリートコーン形状破壊
    │        ├SPWrite_corn_for_Jw_cad.exe
    │        └SPWrite_Re_corn_for_Jw_cad.exe
    │    ST─構造用鋼材-SS400
    │        ├SPWrite_Buck_for_Jw_cad.exe
    │        ├SPWrite_CPS_for_Jw_cad.exe
    │        ├SPWrite_CWS_for_Jw_cad.exe
    │        ├SPWrite_SPS_for_Jw_cad.exe
    │        ├SPWrite_SWS_for_Jw_cad.exe
    │        └SPWrite_weld_for_Jw_cad.exe
    └SUS─ステンレス材-SUS304
             ├SPWrite_Buck_SUS_for_Jw_cad.exe
             ├SPWrite_SUCP_for_Jw_cad.exe
             ├SPWrite_SUCW_for_Jw_cad.exe
             ├SPWrite_SUSP_for_Jw_cad.exe
             └SPWrite_SUSW_for_Jw_cad.exe
    │ 起動用バッジファイル
    ├ACT_AL_01片持梁_集中荷重.bat
    ├ACT_AL_02片持梁_等分布荷重.bat
    ├ACT_AL_03単純梁_集中荷重.bat
    ├ACT_AL_04単純梁_等分布荷重.bat
    ├ACT_ST_01片持梁_集中荷重.bat
    ├ACT_ST_02片持梁_等分布荷重.bat
    ├ACT_ST_03単純梁_集中荷重.bat
    ├ACT_ST_04単純梁_等分布荷重.bat
    ├ACT_ST_座屈.bat
    ├ACT_ST_溶接.bat
    ├ACT_SUS_01片持梁_集中荷重.bat
    ├ACT_SUS_02片持梁_等分布荷重.bat
    ├ACT_SUS_03単純梁_集中荷重.bat
    ├ACT_SUS_04単純梁_等分布荷重.bat
    ├ACT_Test_片持梁_集中荷重.bat (jwc_temp.txt 確認用・作図には必要ありません．)
    ├ACT_SUS_座屈.bat
    ├ACT_コンクリートのコーン状破壊_許容引張力.bat
    └ACT_コンクリートのコーン状破壊_必要水平投影面積.bat
```

図2

```
ACT
ACT_AL_01片持梁_集中荷重.bat
ACT_AL_02片持梁_等分布荷重.bat
ACT_AL_03単純梁_集中荷重.bat
ACT_AL_04単純梁_等分布荷重.bat
ACT_ST_01片持梁_集中荷重.bat
ACT_ST_02片持梁_等分布荷重.bat
ACT_ST_03単純梁_集中荷重.bat
ACT_ST_04単純梁_等分布荷重.bat
ACT_ST_座屈.bat
ACT_ST_溶接.bat
ACT_SUS_01片持梁_集中荷重.bat
ACT_SUS_02片持梁_等分布荷重.bat
ACT_SUS_03単純梁_集中荷重.bat
ACT_SUS_04単純梁_等分布荷重.bat
ACT_SUS_座屈.bat
ACT_Test_片持梁_集中荷重.bat
ACT_コンクリートのコーン状破壊_許容引張力.bat
ACT_コンクリートのコーン状破壊_必要水平投影面積.bat
```

図3

```
ACT_AL_01片持梁_集中荷重  REM アルミ(A6063-T5)_片持梁_集中荷重
名前 △                                           |日付  |メモ
ACT_AL_01片持梁_集中荷重.bat                              REM アルミ(A6063-T5)_片持梁_集中荷重
ACT_AL_02片持梁_等分布荷重.bat                            REM アルミ(A6063-T5)_片持梁_等分布荷重
ACT_AL_03単純梁_集中荷重.bat                              REM アルミ(A6063-T5)_単純梁_集中荷重
ACT_AL_04単純梁_等分布荷重.bat                            REM アルミ(A6063-T5)_単純梁_等分布荷重
ACT_ST_01片持梁_集中荷重.bat                              REM 鉄(SS400)_片持梁_集中荷重
ACT_ST_02片持梁_等分布荷重.bat                            REM 鉄(SS400)_片持梁_等分布荷重
ACT_ST_03単純梁_集中荷重.bat                              REM 鉄(SS400)_単純梁_集中荷重
ACT_ST_04単純梁_等分布荷重.bat                            REM 鉄(SS400)_単純梁_等分布荷重
ACT_ST_座屈.bat                                         REM 座屈計算_鉄(SS400)
ACT_ST_溶接.bat                                         REM 必要溶接長_鉄(SS400)
ACT_SUS_01片持梁_集中荷重.bat                             REM ステンレス(SUS304)_片持梁_集中荷重
ACT_SUS_02片持梁_等分布荷重.bat                           REM ステンレス(SUS304)_片持梁_等分布荷重
ACT_SUS_03単純梁_集中荷重.bat                             REM ステンレス(SUS304)_単純梁_集中荷重
ACT_SUS_04単純梁_等分布荷重.bat                           REM ステンレス(SUS304)_単純梁_等分布荷重
ACT_SUS_座屈.bat                                        REM 座屈計算_ステンレス(SUS304)
ACT_Test_片持梁_集中荷重.bat                              REM Test
ACT_コンクリートのコーン状破壊_許容引張力.bat                 REM コンクリートのコーン状破壊_許容引張力
ACT_コンクリートのコーン状破壊_必要水平投影面積.bat           REM コンクリートのコーン状破壊_必要水平投影面積
```

図4

1

いつものJw_cadで
建築2次部材の
構造計算ができます

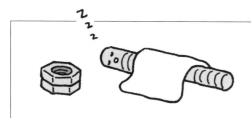

1 | 建築2次部材の構造計算の流れ

　CADは、図面を構成する線や点の座標を収納するデータベースです。その中から求めに応じて図面を作成します。本ソフトは、Jw_cadの外部変形の機能で図面に収納された座標を読み込み、計算結果を画面に書き出すものです。

　何はともあれ、始めましょう。

▶ 単位と小数点以下の桁数について

　建築構造計算ではNおよびmmが基本単位ですが、一般的な鋼材表などでは、cm表示が多く見られます。桁数の勘違いを防ぎ、わかりやすくするため、本書ではcmを基本として使いますが、文中と図中において単位表示がない長さはmmです。小数点以下の桁数は、計算結果の小数点以下3位を四捨五入して2位とします。末尾がゼロの場合は、ゼロ表示は省きます。ソフトの計算結果は、後の計算過程を明示するため、小数点以下4位を四捨五入し3位としています。なお、鋼材表や文献からの引用は、そのままの値を表示します。また、ソフトの内部では実数で計算を行っているので、電卓などの手計算とは末尾が合わない場合があります。なお、『意匠設計者でもスラスラわかる　建築2次部材の構造計算』では、SS400の許容せん断力を$13,600N/cm^2$としていましたが、本書では端数の処理を変えて$13,500N/cm^2$とします。

　それでは図面を開いて答えを出してみましょう。

▶ 始めてみよう

(1) Jw_cadの図面ファイルOP_001.jwwを開きます。図1を見てください。この

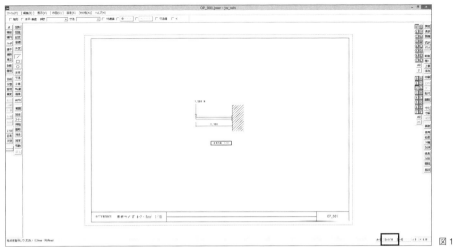

図1

図は、壁から梁が突き出ている長さ1,100の片持梁です。梁の根元はベースプレートのようなもので壁に取り付いています。その先端に1,500Nの集中荷重が働きます。

この図面は1/10で作図しています。図中右下の四角で囲った部分にS＝1/10の表示があります。これは現在スケールを示しています。作図スケールと現在スケールが一致しないと適切な計算結果とならないので、確認してください。

(2) ［その他（A）］から外部変形（G）をクリックします。

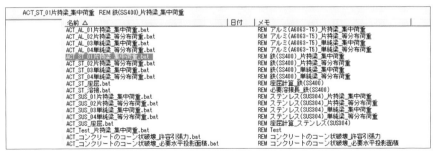

図2

(3) ファイル選択から「ACT_ST_01片持梁_集中荷重」をクリックします。

図3

(4) メニューバーの下に「梁の 左端 or 上端 をクリックしてください。」と表示されます。

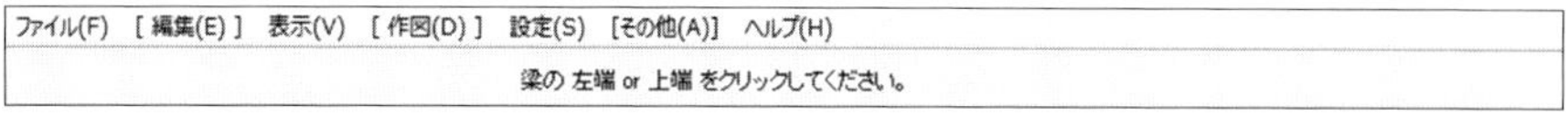

図4

(5) メニューバーの下に「反対の端をクリックしてください。」と表示されます。

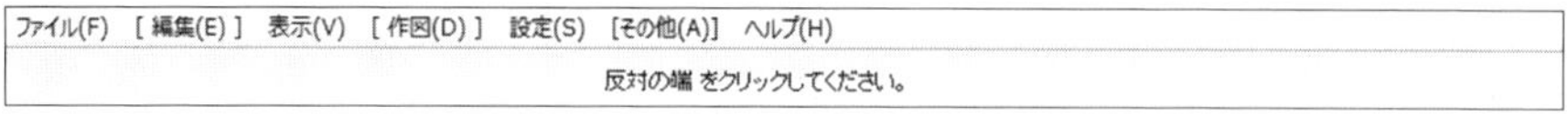

図5

(6) (4)、(5)に従って、梁先端①と梁元②をクリックします（※ポイントを特定する → 右クリック）。

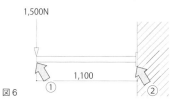

図6

(7)「荷重Pの大きさ（N）を半角数字で入力してください。」と表示されます。入力欄に1500を半角数字で入力し、キーボードの【Enter】を押します。

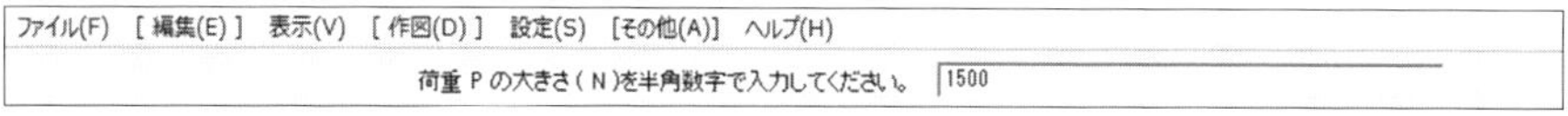

図7

(8)「書き出し点をクリックしてください。」と表示されます。作図画面の適当な位置をクリックします（※ポイントを特定しない → 左クリック）。

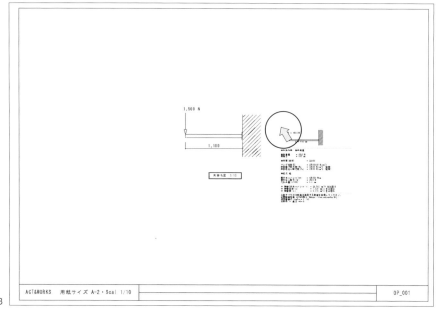

図8

図8の丸で囲った矢印はカーソルです。クリック点を左肩起点にして書き出します。図9はその拡大です。上部に片持梁の図を、その下に計算結果を書き出します。図中にクリックした梁長さ（L）とキーボード入力の荷重（P）を記載します。この値が正しいかを確認してください。

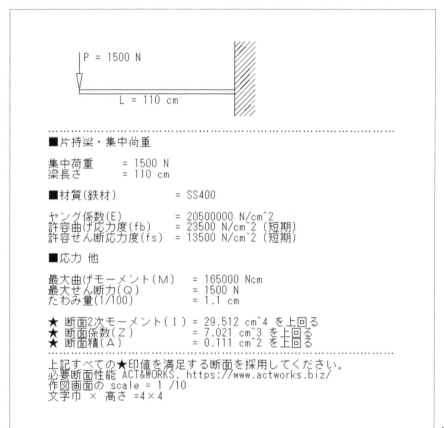

図9

[キーボード入力について]

　キーボード入力が適切でないと図10のようなメッセージが開いて止まります。これは、荷重の欄に半角の数字でなく英文字のacbが入力された例です。キーボードの【Enter】を押すと作図画面に戻りますので、最初からやり直してくださ

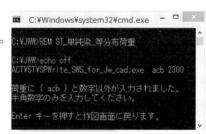

図10

い。また、全角文字入力、未入力など指定されない操作がされたときにもメッセージが表示されます。

[書き出し内容について]

　図9の下から2行目には作図画面のscaleが書き出されています。これは現在スケールの表示です。図面スケールと現在スケールが一致していないと、適切な結果にならないので注意してください。さらにその下の行の「文字巾×高さ」は、現在文字種の設定値です。文字の大きさが思っているものと違うときには、この値を確かめてください。

[画面クリックについて]

　梁の両端部をクリックすると、図11のルールで水平長さと鉛直長さを取得します。図11の中央をクリックします。次に上下左右のポイントをクリックすると、45度を境にして網掛けの範囲は水平値を、そのほかの範囲は鉛直値を取得します。部材の要所をクリックすれば、水平または鉛直長さを取得します。ただし、斜め寸法は計測しないので注意してください。

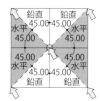

図11

　材質SS400（構造用鋼材）の鋼材で計算します。計算結果は図9の★印で、次のようになります。

・断面2次モーメント　　$I = 29.512 \text{cm}^4$ を上回る
・断面係数　　　　　　　$Z = 7.021 \text{cm}^3$ を上回る
・断面積　　　　　　　　$A = 0.111 \text{cm}^2$ を上回る

断面2次モーメント（I）は、たわみ強さの指標です。断面係数（Z）は、曲げ強さの指標です。断面積（A）は、せん断強さの指標です。これらの値は、断面形状によって決まります。これを総称して断面性能と呼びます。断面性能は、その値が大きいほど変形に強いといえます。

図6では、以下の操作をしました。

・梁先端と梁元をクリック
・キーボードから集中荷重の大きさを入力

以上の二つの操作から"もつ"ための断面性能の最小値を提示しました。

この情報を受けて、それを上回る断面性能をもった鋼材を鋼材表などから選び出します。以下に条件に適う鋼材を列挙しました。

FB-9×75

- 断面2次モーメント　$Ix = 31.64\text{cm}^4$　　$Iy = 0.455\text{cm}^4$
- 断面係数　　　　　$Zx = 8.437\text{cm}^3$　　$Zy = 1.012\text{cm}^3$
- 断面積　　　　　　$A = 6.75\text{cm}^2$

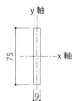

図12

76.3φ×2.8

- 断面2次モーメント　$I = 43.7\text{cm}^4$
- 断面係数　　　　　$Z = 11.5\text{cm}^3$
- 断面積　　　　　　$A = 6.46\text{cm}^2$

図13

L-70×70×6

- 断面2次モーメント　$I = 37.1\text{cm}^4$
- 断面係数　　　　　$Z = 7.33\text{cm}^3$
- 断面積　　　　　　$A = 8.13\text{cm}^2$

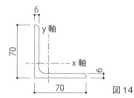

図14

C-100×50×20×1.6

- 断面2次モーメント　$Ix = 58.4\text{cm}^4$　　$Iy = 14.0\text{cm}^4$
- 断面係数　　　　　$Zx = 11.7\text{cm}^3$　　$Zy = 4.47\text{cm}^3$
- 断面積　　　　　　$A = 3.672\text{cm}^2$

図15-1

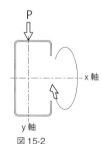
図15-2

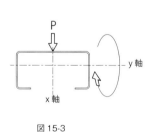
図15-3

図15-2に力Pが働くときの断面性能がIx、Zxです。

[断面の向きについて]

　図15-2でPによって材が曲がるとき、断面はx軸を芯にして回転する動きとなります。そこでこれをx軸回りの断面性能とも呼びます。図15-3に力Pが働くときの断面性能がIy、Zyです。これもx軸と同様にy軸回りの断面性能とも呼びます。

ちなみに、x軸とy軸の交点を断面の図芯（重心）と呼びます。図芯は材が曲がるときの背骨といえます。これは材の変形をイメージするときの重要な視点です。

ここで、計算結果の断面2次モーメントとFB-9×75のx軸回りの値とを比較してみます。

FB-9×75の　$Ix = 31.64 \text{cm}^4$

計算結果の　$Ix = 29.512 \text{cm}^4$

より、

$$\frac{31.64}{29.512} = 1.072$$

となります。

これは、計算結果を100%としたとき、FB-9×75が7.2%上回ることを示します。これを必要値との余裕と見ることができます。このような比較をすると、作図をしながら部材の強度をシミュレーションすることができます。

またここで示した、長さ1,100の片持梁に集中荷重1,500Nが働くモデルは、手摺の支柱でよく登場します。したがってここに挙げた鋼材は、どれも手摺支柱に使える断面といえます。こうしてサイズや形状をシミュレーションすることも可能になります。

▶ ソフトはこんなことをしています

このソフトではI、Z、Aの必要値を次の手順で求めています。

Iの必要値を求めます

次式より、最大たわみδを求めます。

最大たわみ　$\delta = \dfrac{PL^3}{3EI}$

上式を変形するとIを得ます。

$I = \dfrac{PL^3}{3E\delta}$

ここで　$\dfrac{たわみ}{材の長さ} = \dfrac{\delta}{L} = \dfrac{1}{100}$　とします。すると次式よりδを得ます（1/100とする根拠は、44ページで述べます）。

$L = 110\text{cm}$

$\delta = \dfrac{L}{100} = \dfrac{110\text{cm}}{100} = 1.1\text{cm}$

$P = 1,500\text{N}$

上記の値をIの式に代入し、必要なIを得ます。

$I = \dfrac{1,500\text{N} \times (110\text{cm})^3}{3 \times 20,500,000\text{N/cm}^2 \times 1.1\text{cm}} = 29.512\text{cm}^4$

Zの必要値を求めます

次式より、最大曲げモーメントを求めます。

最大曲げモーメント　$M = P \times L = 1,500\text{N} \times 110\text{cm} = 165,000\text{Ncm}$

曲げ応力度 $\sigma b = \dfrac{M}{Z}$

$\sigma b = fb$（鋼材の許容曲げ応力度）すると、

$fb = \dfrac{M}{Z}$ となります。この式を変形すると必要なZを得ます。

$Z = \dfrac{M}{fb} = \dfrac{165,000\text{Ncm}}{23,500\text{N/cm}^2} = 7.021\text{cm}^3$

Aの必要値を求めます

次式より、最大せん断力Qを求めます。

最大せん断力　$Q = P = 1,500\text{N}$

せん断応力度　$q = \dfrac{Q}{A}$

ここで$q = fs$（許容せん断応力度）とすると、

$fs = \dfrac{Q}{A}$ となります。

上式を変形すると必要なAを得ます。

$A = \dfrac{Q}{fs}$

$fs = 13,500\text{N/cm}^2$（短期）

より、

$$A = \frac{1{,}500\text{N}}{13{,}500\text{N/cm}^2} = 0.111\text{cm}^2$$

このソフトで求められた値は、これを下回ると直ちにOUTとなる下限値です。したがって、この値を上回る断面性能が必要となります。

▶ 本書で使うソフトは、次のものです

必要断面性能

- ・片持梁－集中荷重
- ・片持梁－等分布荷重
- ・単純梁－集中荷重
- ・単純梁－等分布荷重

……構造用鋼材（SS400）

- ・片持梁－集中荷重
- ・片持梁－等分布荷重
- ・単純梁－集中荷重
- ・単純梁－等分布荷重

……アルミ型材（A6063-T5）

- ・片持梁－集中荷重
- ・片持梁－等分布荷重
- ・単純梁－集中荷重
- ・単純梁－等分布荷重

……ステンレス材（SUS304）

座屈計算（SS400）
座屈計算（SUS304）
必要溶接長（SS400）
コンクリートのコーン状破壊に対する必要水平投影面積
コンクリートのコーン状破壊による許容引張力

　これらのソフトを使って、第2章では六つの事例についての計算を紹介します。これらは、断面性能の必要値を求めることにより、作図中に部材強度を確認することを目的としています。したがって、正規の構造計算書を作る手順ではありません。この趣旨をご理解いただきご利用ください。

2 | 図面情報を受け取る手順

▶ Jw_cadの外部変形はこんな流れで動きます

ここで、Jw_cadの外部変形と外部ソフトの関係について紹介します。これを知らなくても操作に差し支えありませんが、もしも興味をもたれるようであれば参考にしてください。

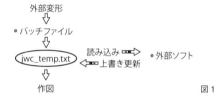

図1

Jw_cadのフォルダ内には、jwc_temp.txtというファイルがあります。外部変形はこのファイルを仲介者にしてデータを取り出したり、Jw_cadにデータを読み込ませたりする機能です。本ソフトは、この機能を利用して自動計算を実現しています。図1はその流れです。

(1) Jw_cadの外部変形を起動します。

　するとJw_cadは、バッチファイルを読み込みます。バッチファイルには、画面上のデータをjwc_temp.txtに書き出し、外部ソフトに引き渡す指示を書いておきます。Jw_cadは、これに従いデータをファイルに保存し、外部ソフトを呼び出します。

(2) 外部ソフトはjwc_temp.txtを読み込み、所定の計算をし、結果を上書き更新します。

(3) Jw_cadは、更新されたjwc_temp.txtを読み、その内容に従い画面上に作図をします。

▶ バッチファイルの内容

　バッチファイルはWindowsのメモ帳で、そのまま見ることができるテキストファイルです。ここで、本ソフトを呼び出すバッチファイルの内容を紹介します。各行の先頭番号は解説のために付けました。実際のファイルには記載されていません。

```
ACT_ST_片持梁_集中荷重.bat
1  REM 鉄(SS400)_片持梁_集中荷重
2  @echo off
3  REM #jww
4  REM #bz
5  REM #0 梁の 左端 or 上端 をクリックしてください。
6  REM #1 反対の端 をクリックしてください。
7  REM #c 荷重 P の大きさ ( N )を半角数字で入力してください。
8  REM #2 書き出し点をクリックしてください。
9  REM #e
10 ACT¥ST¥SPWrite_CPS_for_Jw_cad.exe %1
11 GOTO END
```

　2行目は画面に余分な表示をしないためのコマンドです。

　3～9行目はJw_cadの作図画面で表示する項目を列記しています。

　10行目は本ソフトを呼び出しています。末尾の％1は、本ソフトがキーボード入力値を取得するための記号です。キーボード入力の数に応じて％1 ％2…とスペースで区切って記号を羅列します（※Jw_cadのフォルダ（標準でインストールしていればJWWフォルダ）内のファイルJWW_SMPL.BATにさらに詳しい書き方が記載されています）。

▶ jwc_temp.txtから読み出す情報

　jwc_temp.txtもバッチファイルと同じテキストファイルです。この要点を紹介します。その前に、jwc_temp.txtに書き出した画面上のデータは、自動的に読み込まれ、すぐに上書きされるので、通常の操作では内容を見ることができません。それを見るには、特殊な操作が必要です。

　ここでご注意ください。jwc_temp.txtは通常、手作業で操作しないファイルです。ファイル内容を編集しても以後の動作に支障はありませんが、ここからの操作は、

ご自身の責任で行ってください。このファイル操作は、本書を使用するに当たって必須ではありません。

図面ファイルOP_001.jwwを開いて操作をします。
(1) Jw_cadの図面ファイルOP_001.jwwを開きます。
(2) ［その他（A）］から外部変形（G）をクリックします。
(3) ファイル選択から「ACT_Test_片持梁_集中荷重」をクリックします（※「1. 建築2次部材の構造計算の流れ」の図3とは違う選択です）。

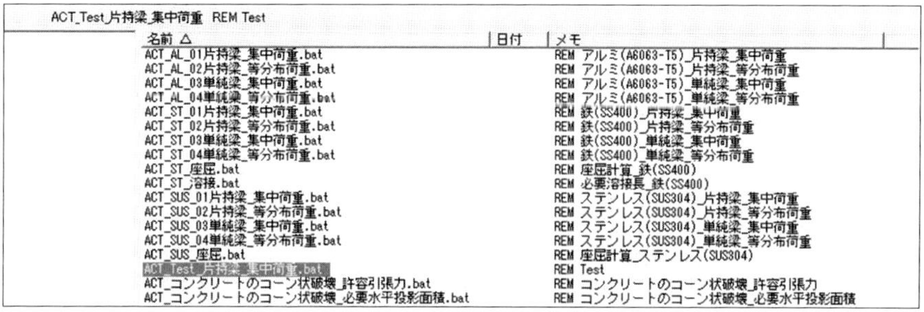

図2

(4) メニューバーの下に「梁の 左端 or 上端 をクリックしてください。」と表示されます。
(5) メニューバーの下に「反対の端 をクリックしてください。」と表示されます。
(6) (4)、(5) に従って、梁先端①と梁元②をクリックします（※ポイントを特定する → 右クリック）。
(7) 「荷重Pの大きさ（N）を半角数字で入力してください。」と表示されます。入力欄に1500を半角数字で入力し、キーボードの【Enter】を押します。
(8) 「書き出し点をクリックしてください。」と表示されます。作図画面の適当な位置をクリックします。

この操作をしても、作図画面には何も表示されません。このバッチファイルは、外部ソフトを呼び出すことなく終了します。この状態で、jwc_temp.txtには外部ソフトが読み込むデータが書き出されています。Jw_cadがインストールされたフォルダからjwc_temp.txtを探し、これをメモ帳などで開きます。その内容は次のようなものです。なお、このファイルは、次に別の操作が行われると、また上書きされますので、このままにしておいて構いません。

```
hq
hk 0
hs 1 2 10 2 100 40 40 40 40 40 40 40 40 40 40
hcw 2 2.5 3 4 5 6 7 8 9 10
hch 2 2.5 3 4 5 6 7 8 9 10
hcd 0 0 0.5 0.5 0.5 0.5 1 1 1 1
hcc     2     2     2     2     2     2     2     2     2     2
hn 329.922885382459 -122.135775714753 571.90191032577
    55.8098025165392
hp1    110 -4.68197268789018
hp2    180.96086724187 18.7378070516866
lg2
ly0
lc2
lt1
cn4
cn"$＜ＭＳ ゴシック＞
#
bz
#
```

各行先頭に記号があり、その後に数字と文字がスペース区切りで羅列されます。その意味は次のようになっています。

hq：バッチファイルに従い情報を書き出したことを示す記号
hk：設定されている軸角（図面の角度、通常は0）
hs：各レイヤグループの縮尺の分母
hcw：各文字種の文字幅
hch：各文字種の文字高
hcd：各文字種の文字間隔
hcc：各文字種の文字色
hn：作図画面クリックの1点目と2点目の絶対座標（クリック位置によって、値は毎回変わります。本ソフトでは使用しません。）
hp1：梁端クリック点の2点目の相対座標（1点目を0,0とします。）
hp2：書き出しクリック点の相対座標（クリック位置によって、値は毎回変わります。）
lg：現在レイヤグループの記号（0-9 A-F）
ly：現在レイヤの記号（0-9 A-F）
lc：現在線色の番号
lt：現在線種の番号

cn：現在文字種の番号
cn：現在文字のフォント
bz：縮尺に関わらず、図面上の寸法値を取得する記号

本ソフトは、以上の項目を順に読み込み、現在作図レイヤに現在文字で計算結果を書き出します。なお、動作が完結して、作図画面上に計算結果が表示されたときjwc_temp.txtは次のように上書きされています。各行の先頭番号は解説のために付けました。実際のファイルには記載されていません。全部で60行です。

```
1  hk 0
2  hcc    2    2    2    2    2    2    2    2    2
3  hn 67.7227720037744 -31.8149140367488 67.7227720037744
     -31.8149140367488
4  ly0
5  lc2
6  lt1
7  bz
8  ch    187.701230053661 -9.8035761682681 1 0 "……………………………………
     ………………………………………
9  ch    187.701230053661 -13.8035761682681 1 0 "■片持梁・集中荷重
10 ch    187.701230053661 -17.8035761682681 1 0 "
11 ch    187.701230053661 -21.8035761682681 1 0 "集中荷重 = 1500 N
12 ch    187.701230053661 -25.8035761682681 1 0 "梁長さ = 110 cm
13 ch    187.701230053661 -29.8035761682681 1 0 "
14 ch    187.701230053661 -33.8035761682681 1 0 "■材質（鉄材）= SS400
15 ch    187.701230053661 -37.8035761682681 1 0 "
16 ch    187.701230053661 -41.8035761682681 1 0 "ヤング係数（E）=
     20500000 N/cm^2
17 ch    187.701230053661 -45.8035761682681 1 0 "許容曲げ応力度（fb）=
     23500 N/cm^2（短期）
18 ch    187.701230053661 -49.8035761682681 1 0 "許容せん断応力度（fs）=
     13500 N/cm^2（短期）
19 ch    187.701230053661 -53.8035761682681 1 0 "
20 ch    187.701230053661 -57.8035761682681 1 0 "■応力 他
21 ch    187.701230053661 -61.8035761682681 1 0 "
22 ch    187.701230053661 -65.8035761682681 1 0 "最大曲げモーメント（M）=
     165000 Ncm
23 ch    187.701230053661 -69.8035761682681 1 0 "最大せん断力（Q）= 1500 N
24 ch    187.701230053661 -73.8035761682681 1 0 "たわみ量（1/100）= 1.1 cm
```

25 ch　187.701230053661 -77.8035761682681 1 0 "
26 ch　187.701230053661 -81.8035761682681 1 0 "★断面２次モーメント（I）= 29.512 cm^4 を上回る
27 ch　187.701230053661 -85.8035761682681 1 0 "★断面係数（Z）= 7.021 cm^3 を上回る
28 ch　187.701230053661 -89.8035761682681 1 0 "★断面積（A）= 0.111 cm^2 を上回る
29 ch　187.701230053661 -93.8035761682681 1 0 "……………………………………………………………………………………
30 ch　187.701230053661 -97.8035761682681 1 0 "上記すべての★印値を満足する断面を採用してください。
31 ch　187.701230053661 -101.803576168268 1 0 "必要断面性能 ACT&WORKS. https://www.actworks.biz/
32 ch　187.701230053661 -105.803576168268 1 0 "作図画面の scale = 1 /10
33 ch　187.701230053661 -109.803576168268 1 0 "文字幅 × 高さ =4×4
34 ch　201.701230053661 18.1964238317319 1 0 "P = 1500 N
35 ch　215.701230053661 2.1964238317319 1 0 "L = 110 cm
36　199.701230053661 22.1964238317319 199.701230053661 14.1964238317319
37　198.501230053661 14.1964238317319 200.901230053661 14.1964238317319
38　198.501230053661 14.1964238317319 199.701230053661 8.1964238317319
39　200.901230053661 14.1964238317319 199.701230053661 8.1964238317319
40　199.701230053661 8.1964238317319 259.701230053661 8.1964238317319
41　199.701230053661 6.5964238317319 259.701230053661 6.5964238317319
42　199.701230053661 8.1964238317319 199.701230053661 6.5964238317319
43　259.701230053661 26.1964238317319 259.701230053661 -1.8035761682681
44　259.701230053661 24.1964238317319 261.701230053661 26.1964238317319
45　259.701230053661 22.1964238317319 263.701230053661 26.1964238317319
46　259.701230053661 20.1964238317319 265.701230053661 26.1964238317319
47　259.701230053661 18.1964238317319 267.701230053661 26.1964238317319

```
48 259.701230053661 16.1964238317319 267.701230053661
   24.1964238317319
49 259.701230053661 14.1964238317319 267.701230053661
   22.1964238317319
50 259.701230053661 12.1964238317319 267.701230053661
   20.1964238317319
51 259.701230053661 10.1964238317319 267.701230053661
   18.1964238317319
52 259.701230053661 8.1964238317319 267.701230053661
   16.1964238317319
53 259.701230053661 6.1964238317319 267.701230053661
   14.1964238317319
54 259.701230053661 4.1964238317319 267.701230053661
   12.1964238317319
55 259.701230053661 2.1964238317319 267.701230053661
   10.1964238317319
56 259.701230053661 0.196423831731899 267.701230053661
   8.1964238317319
57 259.701230053661 -1.8035761682681 267.701230053661
   6.1964238317319
58 261.701230053661 -1.8035761682681 267.701230053661
   4.1964238317319
59 263.701230053661 -1.8035761682681 267.701230053661
   2.1964238317319
60 265.701230053661 -1.8035761682681 267.701230053661
   0.196423831731899
```

　この内容をJw_cadが読み込み、作図画面に書き出します。座標値は、画面クリック点の位置により毎回変わります。各行先頭の記号の意味は次のとおりです。

「hq」の記号が"ない"ことを合図にして、Jw_cadは読み込みファイルだと判断します。
1〜7行目は、前出と同じ意味です。
「ch」は横文字列（四つの値、x座標、y座標、x方向、y方向をスペース区切りで羅列します。(")以降に文字列を指定します。28ページの図3のようにx方向とy方向の長さで文字の傾きを指定します。y方向＝0であれば、x方向の値にかかわらず水平となります）です。
先頭記号がないものは線分（四つの値、始点のx,y座標、終点のx,y座標をスペー

ス区切りで羅列します）です。

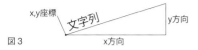
図3

　34行目以降は、計算結果を示している冒頭の図（15ページの図9）を作図しています（図4）。

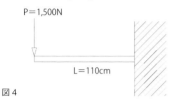
図4

　このほかに本書では、ソフトが実行する計算内容もすべて解説します。

3 | 建築2次部材の構造計算のコツ

　あるとき、図面を見ながら思案していると、建築2次部材の構造計算は数えるほどの要素で成り立っていると気づきました。構造計算で、はじめに問うのは、どんな荷重が働くのかです。荷重は六つと決められていて、そこから選ぶ作業でした。部材は七つしかありません。構造計算は部材の変形を数値で予測する方法ですが、変形も六つから選ぶだけでした。つまり、六つ、七つ、六つの要素の組合せです。そこで、この7×6の組合せをマトリクス（表1）にしました。これを使えば、簡単に計算方法が決まります。それは次のようなものです。

▶ 荷重は六つから選びます

　荷重は、建築基準法・同施行令により以下の五つと決められています。六つ目の人が押す力は、『建築物荷重指針・同解説』（日本建築学会）などにより示されています。荷重は、以上の六つから選ぶものと割り切るのが本書の勧めです。

- ・固定荷重（自重）→ 垂直 下方向（重量）
- ・積載荷重 → 垂直 下方向（重量）
- ・積雪荷重 → 垂直 下方向（重量）
- ・風圧力 → 縦横360度の全方向（圧力なので）
- ・地震力 → 水平方向・条件により垂直 下方向
- ・人が押す力 → 水平方向

▶ 7×6の組合せを考えます

　力は、部材を伝わって流れます。2次部材で使われる部材は次に示す七つです。

- 線材
- プレート
- アンカーボルト
- 普通ボルト
- ビス
- 隅肉溶接
- 受けコンクリート（コーン状破壊）

溶接は部材というには違和感がありますが、接合する機能として捉えています。そして部材は、荷重により変形し壊れます。壊れる要因は次に示す六つです。
- 曲げ
- せん断
- たわみ
- 引張り（伸び）
- 座屈
- 引抜き

	線材	プレート	アンカーボルト	普通ボルト	ビス	隅肉溶接	受けコンクリート コーン状破壊
曲げ	○	○					
せん断	○	○	○	○	○	○	○
たわみ	○						
引張り(伸び)	○		○	○	○		○
座屈	○						
引抜き			○		○		

表1

　横に部材、縦に変形の項目が並びます。対応する欄に○印があります。このマトリクスは、部材が壊れる要因を示すものでもありますが、壊れず形状を保つための部材の機能ともいえます。したがって、○印がその部材の計算項目となります。次に、表1を部材ごとに見ていきます。

線材

　部材から線材を選びます。これを縦に追えば、曲げ・せん断・たわみ・引張り（伸び）・座屈に○印があります。このことから、線材には○印の項目に耐える機能が

あるとわかります。図1は、変形の姿を表しています。アングルの両端を普通ボルトで留めています。

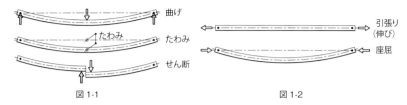

図1-1　　　　　　　　　　　図1-2

　図1-1は、曲げが起こる様子です。線材の軸に横から荷重が働くと材は曲がり、たわみます。同じ荷重による力が材をせん断します。曲げ・せん断・たわみは同時に起こります。図1-2のように、荷重の方向が変わると、変形は引張り（伸び）や座屈になります（伸びという表現はあまり見かけませんが、ここでは現象としてこの言葉を採用しています）。

アンカーボルトとプレート

　図2は、端部のボルト留め部分です。アンカーボルトがアングルを固定しています。ここで登場するのは、アンカーボルト、コンクリート、アングルの三つです。アングルはプレートとして機能します。表1を見ればプレートは、曲げとせん断に抵抗します。アンカーボルトは、せん断、引張り（伸び）、引抜きです。コンクリートはせん断と引張り（伸び）です。その様子は次のようになります。

　図2-1でPが働きます。するとアングルは図2-2のように転倒します。同時にアンカーボルトは力Tでコンクリートから引き抜かれます。コンクリートはアンカーボルトに付着して引張力TRでこれに耐えます。アンカーボルトには、この引張力が働きます。さらにTRは図2-3のようにアングルを曲げます。

　図2-4は、同時に起こるせん断の様子です。Pはアングルを下に押し下げます。するとアングルによりアンカーボルトがせん断されます。一方アングルはアンカーボルトにより図2-4の網掛け部分がせん断されます。図2-5は、その姿図です。二つの部材は、互いに相手を切る関係となります。コンクリートの壁の中では、Pに押されてアンカーボルトが移動しないようコンクリートがせん断に耐えています。

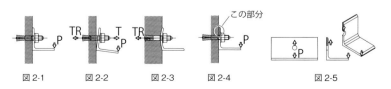

図2-1　　図2-2　　図2-3　　図2-4　　図2-5

コンクリート

　図3は、コンクリートの引張り（伸び）とせん断の概念図です。コンクリートがアンカーボルトに引っ張られるとき、図3-1のように逆円錐状に引き剥がされると考えます。その引張強さは、円錐がコンクリート面で作る円（図3-2網掛け部）の面積に比例します。この計算例は、57ページで示しています。またアンカーに横からの力が働くとき、コンクリートはせん断を受けます。このときのせん断強さは、ボルト芯を要（かなめ）として円錐を想定し、図3-3の網掛け部分の面積に比例します。これは、アンカーボルト位置がコンクリート端に遠くなるほど強度が増すことを示しています。円錐をコーン状と称して、コーン状破壊と名付けられています。この計算は『各種合成構造設計指針・同解説』（日本建築学会）を拠り所にしています。

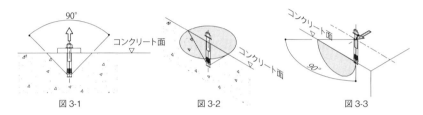

図3-1　　　　　図3-2　　　　　図3-3

普通ボルトとビス

　図4-1は普通ボルト、図4-2はビスです。普通ボトルは引張り（伸び）とせん断に対して抵抗します。ビスは、引抜き、引張り、せん断に抵抗します。

図4-1　　　　　　　　　　図4-2

隅肉溶接

　建築2次部材では、主に隅肉溶接について考えます。隅肉溶接は図5のように主にせん断力が働くものとします。この計算例は53ページで示しています。また、この計算は『溶接接合設計施工ガイドブック』（日本建築学会）を拠り処にしています。

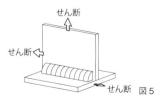

図5

このように計算するべき項目は、部材により決まっています。第2章の各事例も、六つの荷重、7×6のマトリクスに従って計算モデルを組み立てています。これを頭の片隅においていただき、先にお進みください。

ポイント

ビスの検討は、図aのように引張力に対してちぎれないか、せん断力で切れないかを求めるのが一般的です。一方ビスは、鋼材などの受け材にねじを切り込んで固定しますが、切り込んだ後の強さの計算は、鋼構造設計規準や建築基準法に拠り所が見つかりません。そこでここでは、経験から得た考え方を紹介します。参考にご覧ください。ねじは、一般的なメートルねじの断面寸法がJIS B 0205：2001に、有効径および有効断面はJIS B 1082：2009に計算式が示されています。この二つのJIS規格を拠り所に考えを進めます。

図bは、ねじ山が受け材に切り込む様子です。図cはねじ山ひとつの拡大です。引張力Tはねじ山を均等に押しますが、合計して集中荷重T1とします。すると、これは長さLの片持梁となります。片持梁だとすれば、次の計算で検討できます。

ねじ山ひとつに働くせん断応力度　$Qb = \dfrac{T1}{h \times ねじ底の周長}$

fs：ビス材の許容せん断応力度
$fs > Qb$となればOKと判断できます。
ねじ山ひとつに働く最大モーメント　$Mb = T1 \times L$

fb：ビス材の許容曲げ応力度、断面係数　$Z = \dfrac{ねじの周長 \times h^2}{6}$

$fb > \dfrac{Mb}{Z}$となればOKと判断できます。

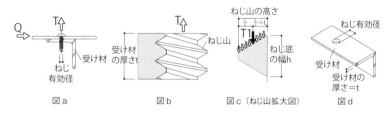

図a　　　図b　　　図c（ねじ山拡大図）　　　図d

受け材側は切り込まれた状況なので、図dの円筒面積に引張力Tによるせん断が働くと考えます。よってT＜（円筒面積×fs）となればOKと判断できます。

2

Jw_cadで
建築2次部材を
計算します

1 | フラットバー支柱の手摺

▶ 概要

　図1は、丸パイプのハンドレールをフラットバーの支柱が支える手摺です。この手摺を設計します。手摺は、支柱の足元が剛であることを根拠に自立する片持梁です。はじめに、ここに働く荷重を決めます。荷重は、六つの項目（固定・積載・積雪・風圧・地震・人が押す）から選びます。ここではPx方向に人が押す力とします。

　人が押す力は、人が横並びになってハンドレールを均一に押す状況を想定します。すると、その力はハンドレール長さ1m当たりの等分布荷重となります。

　この力の大きさを決めるにあたり、指針や文献を根拠にします。その一つが、『建築物荷重指針・同解説』（日本建築学会、2015年）です。同指針には、手摺を足で押す・肩で押す・腰で押す力を同じ荷重区分として、1人

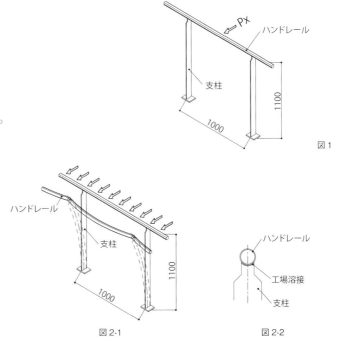

図1

図2-1　　　　　　　図2-2

当たり1,570Nとしています。さらにこれを2,355N/mと記載しています。このほかの指針として、『手摺の安全性に関する自主基準及び研究報告』（日本金属工事業協同組合）を紹介します。同自主基準は、人が押す荷重をグレードと名付けて7階層の表を示しています。ここでは、先に示した建築物荷重指針と同程度の負荷と思われる階層のグレード4を見てみます。グレード表には、対応する人間行動の欄があります。そのグレード4は、1人で力一杯押す、4人横並びで力一杯押すと記載されています。また、適用用途例の欄には、商業施設、公共施設の通路、共同住宅共用部、学校、大規模オフィスビル避難経路等と記載されています。グレード4の荷重は1,470N/mです。この二つの指針で示される数値は、いずれも法律のような拘束力はありません。ここでは大きいほうの値を採用することにして、2,355N/mを使います。

　したがって、この手摺は高さ1,100、支柱ピッチ1,000であり、そのハンドレールに水平方向の等分布荷重2,355N/mが働くとします。その荷重により、ハンドレールは図2-1のように曲がります。

　ハンドレールは、図2-2のように一部（下部）を支柱と溶接で留めています。この接合はパイプの全断面を拘束しておらず、剛と評価しにくいので、これを回転（ピン）と解釈してみます。すると、ハンドレールは@1,000の連続梁となります。連続梁とは、複数の回転端または移動端（ローラー）で支えられた梁です。

　ここで図3-1は単純梁、図3-2は連続梁です。ここに等分布荷重が働きます。図中のLは支柱間長さ、Wは等分布荷重で、曲線は曲げモーメントの分布グラフです。要所のモーメント値を見比べると、単純梁の値が最も大きくなります。このことから、ハンドレールは単純梁と考えると、負荷が大きく危険側だといえます。そこで、ハンドレールを単純梁として計算することとします。

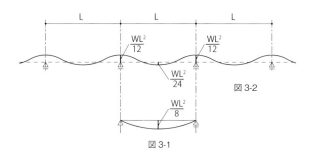

　次に、視点を支柱に進めます。図4-1はハンドレール1m分の等分布荷重が働く支柱です。図4-2では、この荷重PによりモーメントMが働き、支柱が曲がります。

これに対し、足元には$-M$と$-P$が働き支柱の転倒を防ぎます。図4-3は、そのときのモーメント図です。支柱の足元がモーメント最大です。Pと$-P$の押し合いは、図4-2の黒矢印のように、支柱の微小部分でも間断なく行われ支柱のせん断力となります。図4-4はそのせん断力図です。支柱全体に均一にせん断力が働きます。

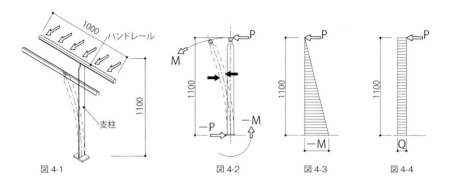

図4-1　図4-2　図4-3　図4-4

足元のベースプレートは後施工のアンカーボルトで固定します。図5ではアンカーボルトを4本と2本の2案を挙げました。この図を見ながら効率の良いサイズを決めます。

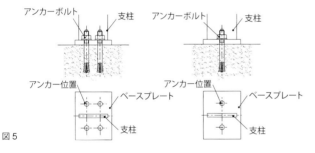

図5

ここまでの概要から、安全に使えるハンドレール、支柱、ベースプレート、アンカーボルトを設計します。

▶ 設計条件

荷重

ハンドレールに働く水平力（等分布荷重）

Wm = 2,355N/m = 23.55N/cm

支柱1カ所の負担長さ = 100cm

P = 23.55N/cm × 100cm = 2,355N

材質　SS400（構造用鋼材）

　　ヤング係数　　　　　$E = 20{,}500{,}000\text{N/cm}^2$

　　許容曲げ応力度　　　$fb = 15{,}600\text{N/cm}^2$（長期）

　　許容曲げ応力度　　　$fb = 23{,}500\text{N/cm}^2$（短期）

　　許容せん断応力度　　$fs = 9{,}000\text{N/cm}^2$（長期）

　　許容せん断応力度　　$fs = \dfrac{fb}{\sqrt{3}} = 13{,}500\text{N/cm}^2$（短期）（※計算値の端数を丸めています）

　　$fs = \dfrac{fb}{\sqrt{3}}$　（共通）

▶ **必要断面性能**

ハンドレールの必要断面性能を求めます

概要で示したように、ハンドレールは単純梁として計算をします。

(1) Jw_cadの図面ファイル21_001.jwwを開きます（図6）。この図面は1/10で作図しています。図中右下に四角で囲った部分にS = 1/10の表示があります。これは現在スケールを示しています。作図スケールと現在スケールが一致しないと適切な計算結果となりませんので、確認してください。

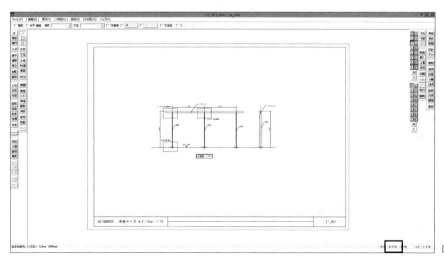

図6

(2) ［その他（A）］から外部変形（G）をクリックします。

1｜フラットバー支柱の手摺

図7

(3) ファイル選択から「ACT_ST_04単純梁_等分布荷重」をクリックします。

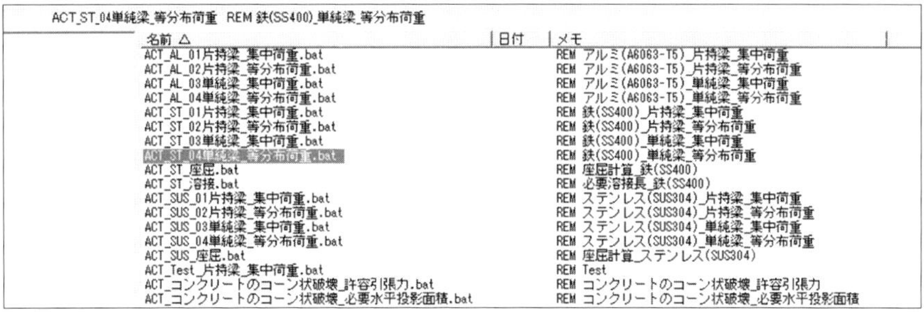

図8

(4)「梁の 左端 or 上端 をクリックしてください。」と表示されます。

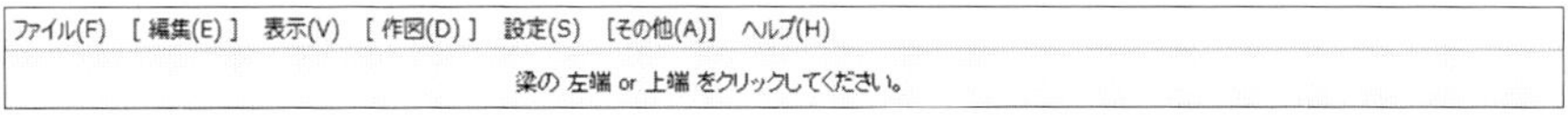

図9

(5)「反対の端 をクリックしてください。」と表示されます。

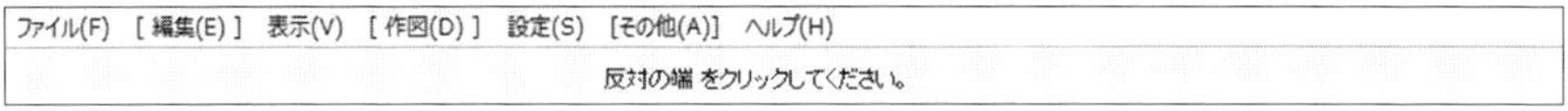

図10

(6) (4)、(5) に従って、それぞれ支柱芯とハンドレールの交点①②をクリックします（※ポイントを特定する → 右クリック）。

図11

(7)「荷重Wの大きさ（N/m^2）を半角数字で入力してください。」と表示されます。入力欄に2355を半角数字で入力し、キーボードの【Enter】を押します。

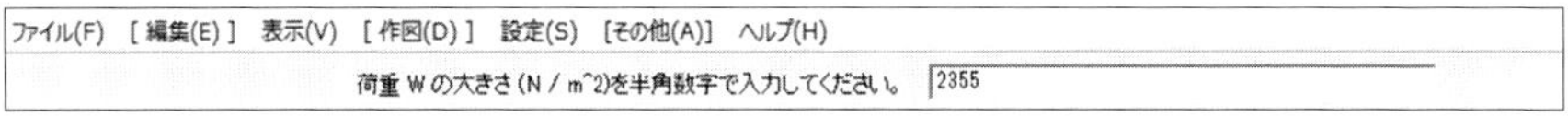

図12

(8)「ピッチor負担巾(mm)を半角数字で入力してください。」と表示されます。
入力欄に1000を半角数字で入力し、キーボードの【Enter】を押します。

図13

(9)「書き出し点をクリックしてください。」と表示されます。

図14

作図画面の適当な位置をクリックします(※ポイントを特定しない → 左クリック)。

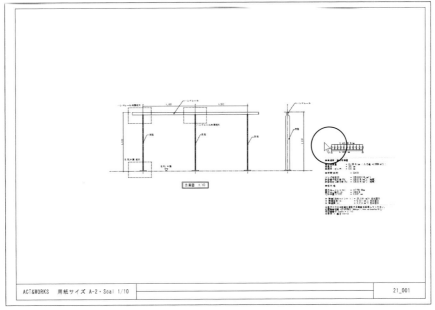

図15

図15の丸で囲った矢印はカーソルです。クリック点を左肩起点にして書き出します。図16はその拡大です。梁と荷重の状況を作図し、その下に計算結果を書き出します。

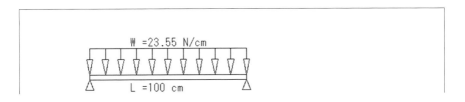

```
■単純梁・等分布荷重
等分布荷重        = 23.55 N/cm ( 入力値 =2355N/m^2 )
梁長さ           = 100 cm
負担巾（ピッチ）   = 100 cm

■材質(鉄材)      = SS400

ヤング係数(E)        = 20500000 N/cm^2
許容曲げ応力度(fb)   = 23500 N/cm^2（短期）
許容せん断応力度(fs) = 13500 N/cm^2（短期）

■応力 他

最大曲げモーメント(M) = 29437.5 Ncm
最大せん断力(Q)      = 1177.5 N
たわみ量(1/300)      = 0.333 cm

★ 断面2次モーメント( I ) = 4.487 cm^4 を上回る
★ 断面係数(Z)          = 1.253 cm^3 を上回る
★ 断面積(A)            = 0.087 cm^2 を上回る

上記すべての★印値を満足する断面を採用してください。
必要断面性能 ACT&WORKS. https://www.actworks.biz/
作図画面の scale = 1 /10
文字巾 × 高さ =4×4
```

図16

計算結果は次のようになります。

断面2次モーメント　　$I = 4.487 cm^4$ を上回る

断面係数　　　　　　$Z = 1.253 cm^3$ を上回る

断面積　　　　　　　$A = 0.087 cm^2$ を上回る

上記の計算結果が必要値となります。この条件に合うスチールパイプとして、次のサイズを採用します。

<u>42.7φ×2.3のスチールパイプ</u>

・断面2次モーメント　$I = 5.97 cm^4$

・断面係数　　　　　$Z = 2.8 cm^3$

・断面積　　　　　　$A = 2.919 cm^2$

上記の値で、差が最も小さい断面2次モーメントについて必要値を比較すると、

$\dfrac{5.97}{4.487} = 1.33$ となります。必要値に対して33%上回るのでOKと判断します。

本ソフトでは、I・Z・Aの必要値を以下の手順で求めています。

[Iの必要値を求めます]

次式より、最大たわみδを求めます。

最大たわみ $\delta = \dfrac{5WL^4}{384EI}$ より、

$I = \dfrac{5WL^4}{384E} \dfrac{1}{\delta}$

ここで $\dfrac{たわみ}{材の長さ} = \dfrac{\delta}{L} = \dfrac{1}{300}$ とします。すると次式より、

$\delta = \dfrac{L}{300} = \dfrac{100cm}{300} = 0.333cm$

W＝2,355N/m

L＝100cm

上記の値をIの式に代入し、必要なIを得ます。

$I = \dfrac{5 \times 23.55N/cm \times (100cm)^4}{384 \times 20,500,000N/cm^2 \times 0.333cm} = 4.491cm^4$

[Zの必要値を求めます]

次式より、最大曲げモーメントを求めます。

最大曲げモーメント $M = \dfrac{WL^2}{8} = \dfrac{23.55N/cm \times (100cm)^2}{8}$

$= 29,437.5Ncm$

曲げ応力度　$\sigma b = \dfrac{M}{Z}$

$\sigma b = fb$（鋼材の許容曲げ応力度）とします。

すると、$fb = \dfrac{M}{Z}$ となります。この式を変形すると必要なZを得ます。

$Z = \dfrac{M}{fb}$

$fb = 23,500N/cm^2$（短期）より、

$Z = \dfrac{M}{fb} = \dfrac{29,437.5Ncm}{23,500N/cm^2} = 1.253cm^3$

［Aの必要値を求めます］

次式より、最大せん断力Qを求めます。

最大せん断力 $Q = \dfrac{WL}{2}$

せん断応力度 $q = \dfrac{Q}{A}$

ここでq＝fs（鋼材の許容せん断応力度）とすると、

$fs = \dfrac{Q}{A}$ となります。

上式を変形すると必要なAを得ます。

$A = \dfrac{Q}{fs}$

$Q = \dfrac{WL}{2} = \dfrac{23.55\text{N/cm} \times 100\text{cm}}{2} = 1{,}177.5\text{N}$

$fs = 13{,}500\text{N/cm}^2$（短期）より、

$A = \dfrac{Q}{fs} = \dfrac{1{,}177.5\text{N}}{13{,}500\text{N/cm}^2} = 0.087\text{cm}^2$

［たわみについて］

　本ソフトでは、単純梁の最大たわみを1/300以下、片持梁の最大たわみを1/100以下としています。たわみについて『鋼構造設計規準－許容応力度設計法』（日本建築学会）に「長期に作用する荷重に対する梁材のたわみは、通常の場合はスパンの1/300以下、片持梁では1/250以下とする。ただし、もや・胴縁などについては、その仕上材に支障を与えない範囲でこの限度を超えることができる」と記載されています。ここで示されている数値は構造材を主眼にしたものです。筆者は、手摺などの2次部材の片持梁では、通常この数値が1/100より小さければ"もつ"と判定しています。これは、手摺高さ100cmに対して先端が1cm動く量です。鋼材は、この程度の動きであれば変形しても原形に戻ります。また、この動きを先端の揺れと捉えれば、手摺の手前側と向こう側で都合2cm揺れることになります。2cmの揺れは少し怖いですが、安心感の限界だと判断できる数値です。2次部材のたわみは、安心感を測る指標と捉えることができると思うのです。

支柱の必要断面性能を求めます

(1) Jw_cadの図面ファイル21_001.jwwを開きます。ハンドレールのときと同じ図面です（図6）。

(2) ［その他（A）］から外部変形（G）をクリックします。

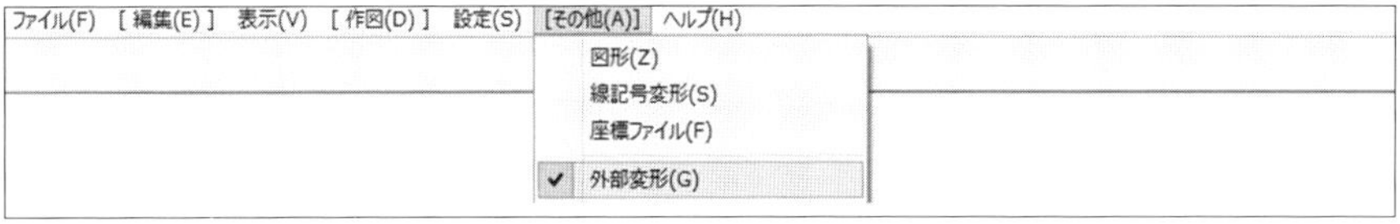

図17

(3) 「ファイル選択からACT_ST_01片持梁_集中荷重」をクリックします。

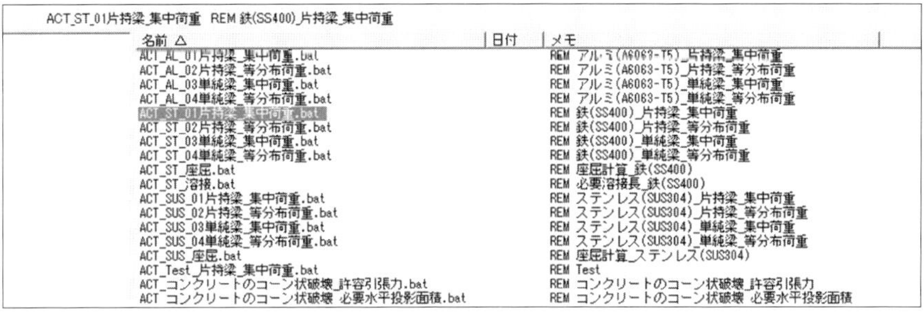

図18

(4) 「梁の 左端 or 上端 をクリックしてください。」と表示されます。

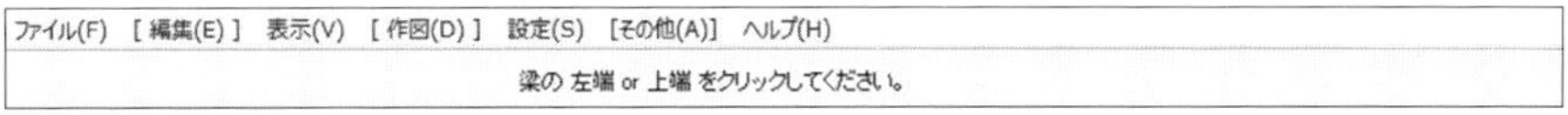

図19

(5) 支柱芯とハンドレール天端との交点①をクリックします（※ポイントを特定する → 右クリック）。

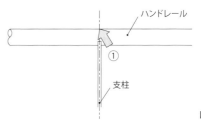

図20

(6) 「反対の端 をクリックしてください。」と表示されます。

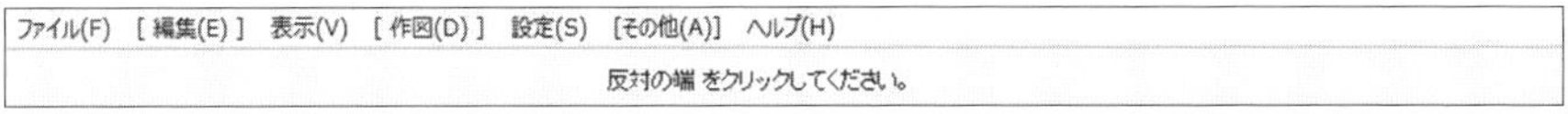

図21

(7) 支柱芯とベースプレート下端との交点②をクリックします（※ポイントを特定する → 右クリック）。

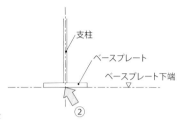
図22

(8)「荷重Pの大きさ（N）を半角数字で入力してください。」と表示されます。入力欄に2355を半角数字で入力し、キーボードの【Enter】を押します。

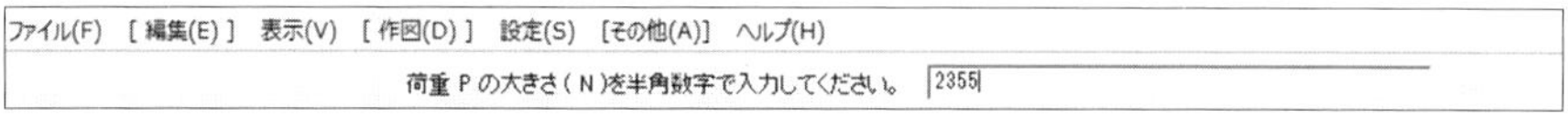

図23

(9)「書き出し点をクリックしてください。」と表示されます。作図画面の適当な位置をクリックします。図25はその計算結果を書き出したものです。

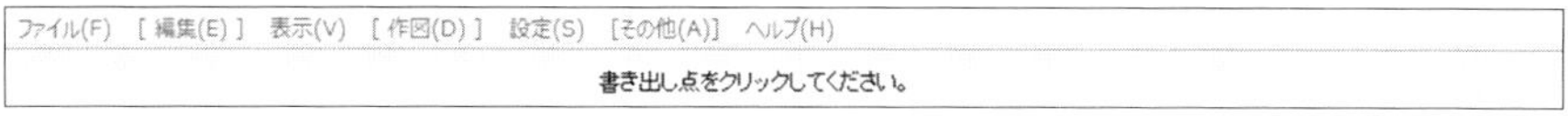

図24

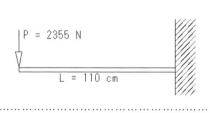

```
   ★ 断面2次モーメント(I) = 46.334 cm^4 を上回る
   ★ 断面係数(Z)         = 11.023 cm^3 を上回る
   ★ 断面積(A)           = 0.174 cm^2 を上回る
------------------------------------------------------------
上記すべての★印値を満足する断面を採用してください。
必要断面性能 ACT&WORKS. https://www.actworks.biz/
作図画面の scale = 1 /10
文字巾 × 高さ =4×4
```

図25

計算結果は次のようになります。

断面2次モーメント　　$I = 46.334 \text{cm}^4$ を上回る

断面係数　　　　　　$Z = 11.023 \text{cm}^3$ を上回る

断面積　　　　　　　$A = 0.174 \text{cm}^2$ を上回る

上記の計算結果が必要値となります。

必要値を上回るスチールフラットバーを探します

矩形断面の断面性能は次式で求めます。

$$I = \frac{bh^3}{12}$$

$$Z = \frac{bh^2}{6}$$

St-FB-9×90のスチールフラットバー

・断面2次モーメント　$I = 54.675 \text{cm}^4$

・断面係数　　　　　$Z = 12.15 \text{cm}^3$

・断面積　　　　　　$A = 8.1 \text{cm}^2$

上記の値で、差が最も小さい断面係数について必要値を比較すると、$\frac{12.15}{11.023} = 1.10$ となります。必要値に対して10％上回るのでOKと判断します。

ここで図26を見てください。ハンドレールを受ける先端部は支柱の断面が小さくなります。

片持梁では、最大せん断力が全断面にわたって働き、断面積で抵抗します。そこで、最も小さい断面が必要値を上回るかを確かめます。

支柱先端部断面積　$At = 3.4\text{cm} × 0.9\text{cm} = 3.06\text{cm}^2$

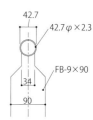

図26

$\dfrac{3.06}{0.174} = 17.58$ となり、必要値に対して大きく上回るのでOKと判断します。

▶ 手摺の足元を設計

アンカーボルトの破壊について

　アンカーボルトの破壊は、ボルトが引張力によって、1）引きちぎれる、2）コンクリートから抜け落ちる、3）せん断力によって切断されるという三つの要因で起こります。これに従い、アンカーボルトに働く引張力とせん断力を求めます。これを求めるにあたり、支柱の計算結果を参照します。次に示すのは図25の「応力 他」の値です。

　　最大曲げモーメント　　　$M = 259{,}050\text{Ncm}$ ……$P \times L$
　　最大せん断力　　　　　　$Q = 2{,}355\text{N}$ ……$P = Q$
　　たわみ量（1/100）　　　 $\delta = 1.1\text{cm}$

　アンカーボルトの強度を見るとき、ベースプレートが壊れないことを根拠にしています。アンカーボルトがどれだけ強くても、ベースプレートが紙のように弱くては、手摺は転倒してしまうからです。それを念頭において、図27を見てください。手摺が転倒するときの足元です。水平力Pにより支柱は、ベースプレート端の点Aを支点にして転倒します。これに対し下向きの力Rが転倒を防ぎます。アンカーボルトの強さがこのRを上回れば転倒を防ぎます。

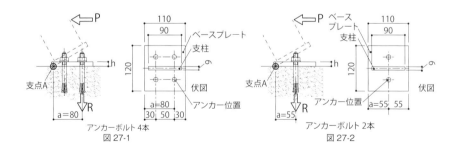

図27-1　アンカーボルト4本
図27-2　アンカーボルト2本

　図27はアンカーボルトの本数4本と2本の二つのタイプを示しました。このときアンカーボルトの本数が強さに及ぼす違いは、支点Aと力Rの距離です。図27では4本のとき$a = 80$、2本では$a = 55$となり、4本のほうがaの寸法を大きくすることができます。図28で示すように、その距離によりRの値が変わります。Rはアンカーボルトが負担する力です。

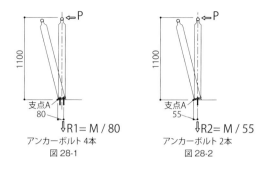

図28-1　アンカーボルト4本
図28-2　アンカーボルト2本

図28ではRをアンカーボルトの本数別に$R1$と$R2$に分けました。これをアンカーボルト1本当たりにすると次のようになります。

アンカーボルト1本が負担する引張力を求めます

アンカーボルトは図28の奥行き方向にもあります。

アンカーボルト4本　$R1 = \dfrac{259{,}050\text{Ncm}}{8\text{cm} \times 2\text{本}} = 16{,}190.63\text{N}$

アンカーボルト2本　$R2 = \dfrac{259{,}050\text{Ncm}}{5.5\text{cm} \times 2\text{本}} = 23{,}550\text{N}$

$R1$と$R2$を比較します。

$\dfrac{R2}{R1} = \dfrac{23{,}550}{16{,}190.63} = 1.45$

上の結果から、$R2$のほうが45%大きいとわかります。

アンカーボルトに働くせん断力を求めます

アンカーボルトには、支柱のせん断力がそのまま働きます。ボルト1本当たりの負担は、これをボルト本数で割ります。

アンカーボルト1本が負担するせん断力は、

アンカーボルト4本　$Q1 = \dfrac{2{,}355\text{N}}{4\text{本}} = 588.75\text{N}$

アンカーボルト2本　$Q2 = \dfrac{2{,}355\text{N}}{2\text{本}} = 1{,}177.5\text{N}$

となります。

アンカーボルトのサイズを求めます

　アンカーボルトは既製品を使います。したがってそのサイズは、メーカーカタログを手元に置いて許容引張力と許容せん断力を参照し、計算結果を上回るものを選びます。以上のことを考慮してここでは、アンカーボルト4-M12を採用することにします。

ベースプレートの必要断面性能を求めます

　ベースプレートを図29-1の断面記号位置で断面にします。すると力 R は、図29-2のようにベースプレートを曲げる力となります。これは、図29-3のように先端に R が働く片持梁と見ることができます。

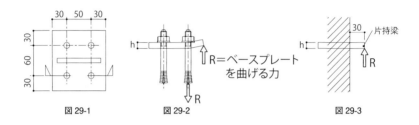

図29-1　　　図29-2　　　図29-3

　次に、この奥行きです。図30-1のようにアンカーボルト芯から左右45度の線を描き、これがベースプレート端と交わる幅 b を梁幅とします。図30-2ではこれを網掛けの三角形で表しています。

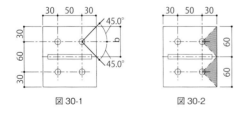

図30-1　　　図30-2

　ここまでの考案からベースプレートは梁幅60、長さ30の片持梁となります。この梁の高さが、ベースプレートの厚さ h となります。

アンカーボルトに R が働くときベースプレートが曲がらない厚さ h を求めます

　アンカーボルトに働く力　$R = 16{,}190\text{N}$

　断面　$A = 60 \times h$

長さ　$L = 30$

集中荷重　$P = 16{,}190\mathrm{N}$

Pが働く片持梁の必要断面性能を求め、その値から必要h（厚さ）を求めます。

(1) Jw_cadの図面ファイル21_002.jwwを開きます（図31）。この図面は1/2で作図しています。図中右下の四角で囲った部分に$S = 1/2$の表示があります。これは現在スケールを示しています。作図スケールと現在スケールが一致しないと適切な計算結果となりませんので、確認してください。

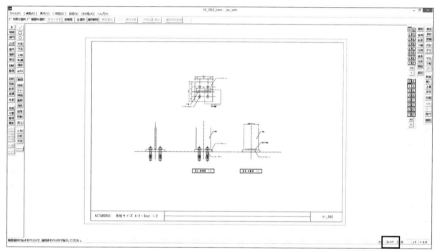

図31

(2) ［その他（A）］から外部変形（G）をクリックします。

(3) ファイル選択から「ACT_ST_01片持梁_集中荷重」をクリックします。

(4) 「梁の 左端 or 上端 をクリックしてください。」と表示されます。図32のベースプレート端①をクリックします（※ポイントを特定する→右クリック）。

(5) 「反対の端 をクリックしてください。」と表示されます。図32のアンカーボルト芯②をクリックします（※ポイントを特定する→右クリック）。

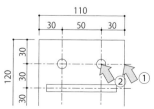

図32

1 ｜ フラットバー支柱の手摺　51

(6)「荷重Pの大きさ（N）を半角数字で入力してください。」と表示されます。入力欄に16190を半角数字で入力し、キーボードの【Enter】を押します。

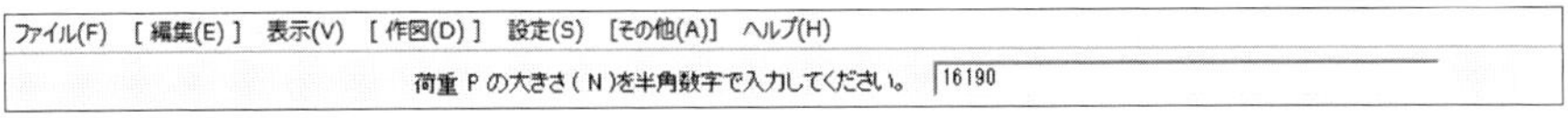

図33

(7)「書き出し点をクリックしてください。」と表示されます。作図画面の適当な位置をクリックします。図34は計算結果の表示です。

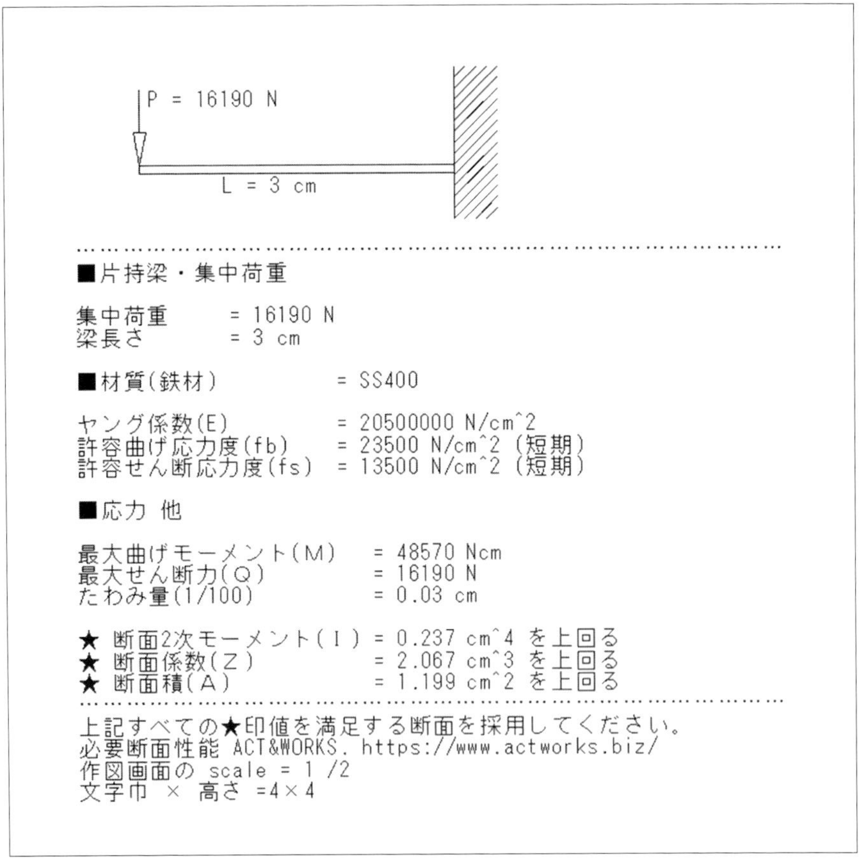

図34

計算結果は次のようになります。

断面2次モーメント　　$I = 0.237 \text{cm}^4$ を上回る

断面係数　　　　　　$Z = 2.067 \text{cm}^3$ を上回る

断面積　　　　　　　$A = 1.199 \text{cm}^2$ を上回る

梁が壊れないかを知る指標は、断面係数Zです。断面係数は、$Z = 2.067\mathrm{cm}^3$を上回ると計算されました。

ここでの梁断面は$60 \times h$です。

$$Z = \frac{b \times h^2}{6} = \frac{6\mathrm{cm} \times h^2}{6}$$ですから

$$2.067\mathrm{cm}^3 = \frac{6\mathrm{cm} \times h^2}{6}$$

$$h = \sqrt{\frac{2.067\mathrm{cm}^3 \times 6}{6\mathrm{cm}}} = 1.44\mathrm{cm}$$

ベースプレート厚さは1.4cmを上回ると求められました。この結果から、厚さ1.6cmを採用します。手摺支柱の足元としては厚いと感じるかもしれません。その判断は後ほどとして、話を先に進めます。

▶ 支柱とベースプレートの必要溶接長さ

隅肉溶接を扱うときの概要

隅肉溶接は、図35-1のように二つの接触する母材の入隅を開先なしで溶接します。溶接は、両側と片側の場合があります。図35-2のSは、有効な断面を決める指標で脚長（サイズ）のことです。Sは、図36のように様々な状況を想定して決められています。

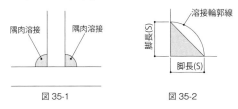

図 35-1　　　　　　図 35-2

隅肉溶接の強さを決めるのは、のど厚（a）です。aは図36のように、二つのSで作る三角形の高さとして求めます。母材は、90度で接することを基本とし、aは次式で求めます。

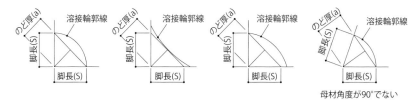

図36

$$a(のど厚) = S(サイズ・脚長) \times 0.7 \cdots\cdots 0.7は\sqrt{\frac{1}{2}}を丸めた値$$

図37のLw（溶接長）は、有効溶接長さです。実際の溶接長さの両端を無効として、（$S \times 2$）分の長さを減じます。よってLwは次の式で求めます。

溶接長　$Lw = 実際の溶接長さ - (S \times 2)$

なお、Lwが$a \times 150$を超える場合には溶接の許容応力度を低減します。また、隅肉溶接の長さはSの10倍以上で、かつ40以上を原則とします。

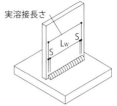

図37

溶接強度を求めます

図38のように、隅肉溶接は主に引張りに対しての効果を期待します。このため溶接強度は母材のせん断応力度とします。ここまでは、『溶接接合設計施工ガイドブック』（日本建築学会）を拠り所としています。よって溶接強度は次式で求めます。

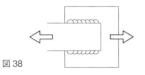

図38

溶接強度　$fw = Lw \times (S \times a) \times 許容溶接応力度$

許容溶接応力度＝母材の許容せん断応力度

ここまでを念頭において図39を見てください。支柱とベースプレートの接合部です。手摺高さ1,100の先端に水平力$P = 2,355$Nが働くと、支柱は点Aを支点として転倒します。これを下向きの力Rが引き戻します。同時にRは、溶接をせん断する力となります。

Rは次式で求めます。

$$R = 2,355\text{N} \times \frac{110\text{cm}}{4.5\text{cm}} = 57,566.67\text{N}$$

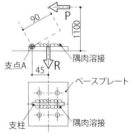

図39

せん断力に耐える必要溶接長さを求めます

(1) 図31と同じJw_cadの図面ファイル21_002.jwwを開きます。
(2) ［その他（A）］から外部変形（G）をクリックします。

(3) ファイル選択から「ACT_ST_溶接」をクリックします。

図40

(4)「荷重Pの大きさ（N）を半角数字で入力してください。」と表示されます。入力欄に57566.67を半角数字で入力し、キーボードの【Enter】を押します。

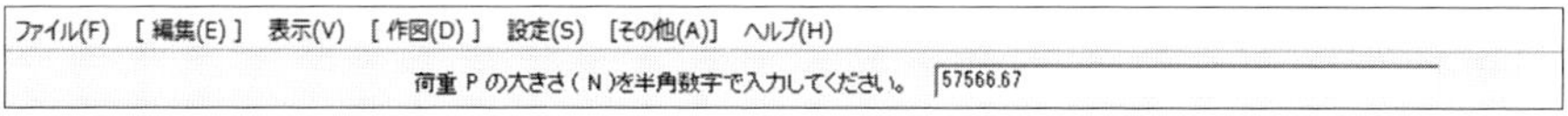

図41

(5)「脚長S（mm）を半角数字で入力してください。」と表示されます。入力欄に5を半角数字で入力し、キーボードの【Enter】を押します（※脚長（S）を5mmとします）。

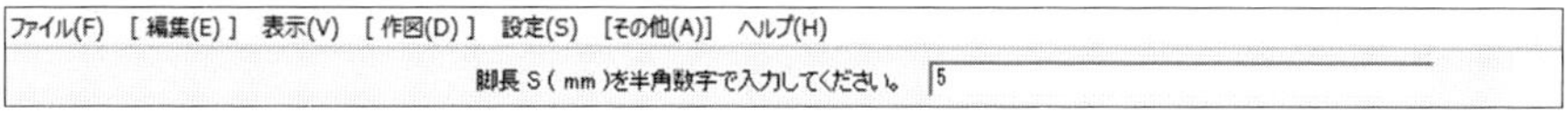

図42

(6)「安全率（%）を半角数字で入力してください。」と表示されます。入力欄に100を半角数字で入力し、キーボードの【Enter】を押します（※本来、溶接に安全率は存在しません。2次部材では現場溶接が避けられない事態に往々にして遭遇します。現場では適切な作業環境を確保できる保証がないことから、計算対象としないのが基本です。そこをあえて、安全率を設定して参考値を求めるため、この値を設けました。ここでは適切な環境での工場溶接を前提としますので、100を入力します）。

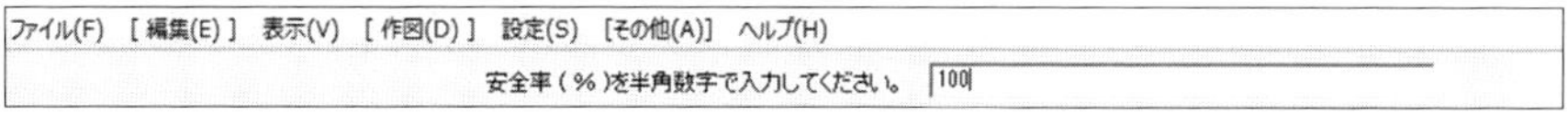

図43

(7)「書き出し点をクリックしてください。」と表示されます。作図画面の適当な位置をクリックします。図44は計算結果の表示です。

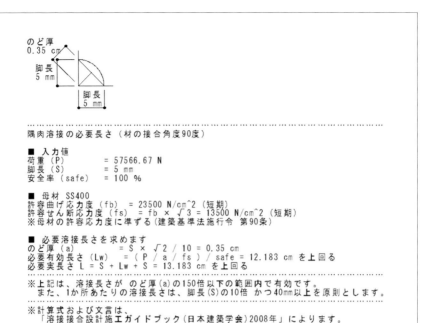

図44

計算結果は次のようになります。

必要有効長さ　$Lw = 12.183\text{cm}$

必要実長さ　$L = 13.183\text{cm}$

　必要有効長さは12.183cmです。これに対し、図45のように支柱には両面で14cmの有効溶接長さを確保できます。これにより、両面隅肉溶接を行えば安全だと判断します。また、ここでは$S=5$としましたが、これを$S=6$とするとさらに

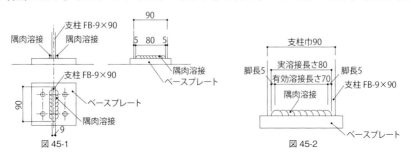

図45-1　　　　　　　　　　　　　　図45-2

安全となります。

▶ コンクリートの許容引張力

アンカーボルトが破壊されずコンクリートから抜けないならば、その引張力はコンクリートが受け持つことになります。そこで図46は、コンクリートの許容引張力について示しています。これは、『各種合成構造設計指針・同解説』（日本建築学会、2010年）を元にしています。図46-1を見てください。埋込み深さを底にして45度の線を引きます。この線がコンクリート面に描く円が図46-2です。この円の斜線部分（埋込み穴径面積は除きます）を有効水平投影面積と呼びます。コンクリートの許容引張力は、次の式で求めます。

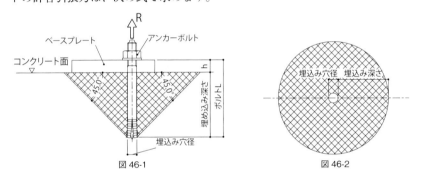

図46-1   図46-2

接着系など金属拡張型以外のボルトを使用のとき
コンクリートの許容引張力　$Ft = 0.31 \times \sqrt{Fc} \times S \times 2/3$
　Fc：コンクリートの許容強度
　S：有効水平投影面積

金属拡張型ボルトを使用のとき
コンクリートの許容引張力　$Ft = 0.75 \times 0.31 \times \sqrt{Fc} \times S \times 2/3$
　0.75：施工精度のバラつきによる低減率

この式は、コンクリートの許容引張力は有効水平投影面積に比例することを表しています。さらに図46-1を見れば、この面積はボルトの埋込み深さに比例しています。この関係からコンクリートの許容引張力は、アンカーボルトの埋込み深さで決まることになります。

そこで、必要な有効水平投影面積を求めて、そこからアンカーボルトの長さを決めることにします。

必要有効水平投影面積を求めます

（1） 図31と同じJw_cadの図面ファイル21_002.jwwを開きます。
（2） ［その他（A）］から外部変形（G）をクリックします。
（3） ファイル選択から「ACT_コンクリートのコーン状破壊_必要水平投影面積」をクリックします。

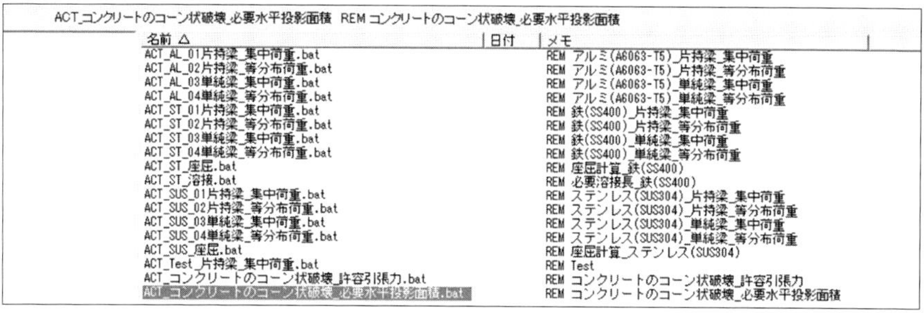

図 47

（4）「引張力Ftの大きさ（N）を半角数字で入力してください。」と表示されます。入力欄に32,380を半角数字で入力し、キーボードの【Enter】を押します（※ 16,190×2＝32380 …… ボルト2本が負担する力）。

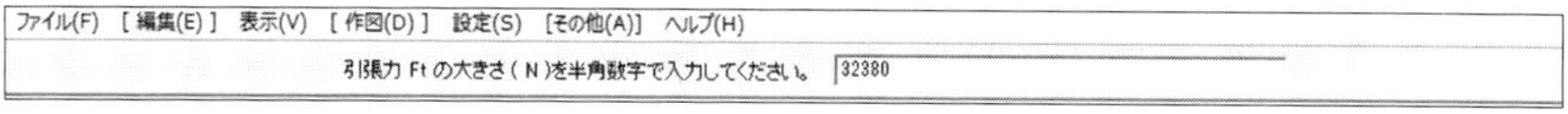

図 48

（5）「RC設計強度Fc（N/mm^2）を半角数字で入力してください。」と表示されます。入力欄に24を半角数字で入力し、キーボードの【Enter】を押します（※ コンクリートの許容強度24N/mm^2）。

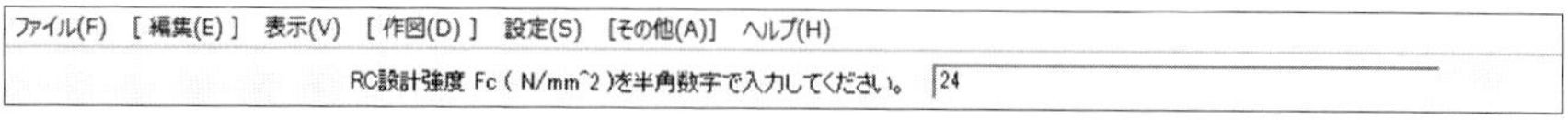

図 49

（6）「書き出し点をクリックしてください。」と表示されます。作図画面の適当な位置をクリックします。図50は計算結果の表示です。

計算結果には「計算の意味」の項目に、各係数の意味が書き出されますので参照してください。

```
..............................................................................
コンクリートのコーン状破壊_必要水平投影面積
■ 入力値
コンクリートの設計強度（Fc）  = 24 N/mm^2
引張力（Ft）              = 32380 N
■ 計算の意味
0.75： 拡張型アンカーの施工精度のバラつきによる逓減率
0.31 * √Fc： コーン状破壊に対するコンクリートの引張強度
2 / 3： 短期荷重用の逓減率
S： 有効水平投影面積
コンクリートの許容引張力を求める式
Ft = 0.31 * √Fc * S * 2 / 3
Ft = 0.75 * 0.31 * √Fc * S * 2 / 3（拡張型アンカー）
■ 必要水平投影面積を求めます
S = Ft * 3 / ( 0.31 * √Fc * 2 ) = 31981.644 mm^2（319.816 cm^2）
拡張型アンカー
S = Ft * 3 / ( 0.75 * 0.31 * √Fc * 2 ) = 42642.192 mm^2（426.422 cm^2）
上記を上回る有効水平投影面積が必要です。
..............................................................................
※計算式は、各種合成構造設計指針・同解説（日本建築学会）によります。
ACT&WORKS. https://www.actworks.biz/
作図画面の scale = 1 / 2
文字巾×高さ = 4×4
```
図50

計算結果は次のようになります。

S = 319.82cm^2 を上回る

S（拡張型アンカー）= 426.42cm^2 を上回る

本ソフトでは、水平投影面積を以下の手順で求めています。

コンクリートの許容引張力　$Ft = 0.31 \times \sqrt{Fc} \times S \times 2/3$

上の式を、Sを求める式に変えます。

有効水平投影面積　$S = \dfrac{Ft \times 3}{0.31 \times \sqrt{Fc} \times 2}$

図51は、計算結果を上回る有効水平投影面積を提示しました。図51-1は後施工アンカーでは手軽に使える拡張型アンカーです。このアンカーで計算結果を上回る面積を得るには、埋込み深さ95以上が必要になります。ところが、60の間隔でこの深さの

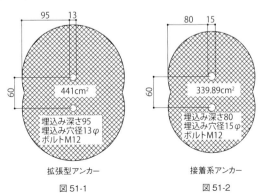

図51-1　拡張型アンカー　　図51-2　接着系アンカー

穴をあけるのは心配なところです。そこで、アンカーを接着系に変えたものが図51-2です。接着系アンカーは、埋込み穴が少し大きくなりますが薬剤で固めるので、拡張型より強固になるのが利点です。

確認のため、接着系アンカーで有効必要水平投影面積を求めます。

接着系アンカーボルトによるコンクリートの許容引張力を求めます

(1) 図31と同じJw_cadの図面ファイル21_002.jwwを開きます。

(2) ［その他（A）］から外部変形（G）をクリックします。

(3) ファイル選択から「ACT_コンクリートのコーン状破壊_許容引張力」をクリックします。

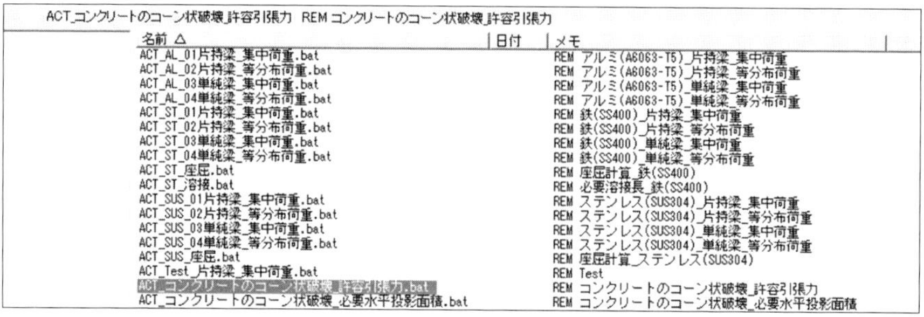

図52

(4)「有効水平投影面積（cm^2）を半角数字で入力してください。」と表示されます。入力欄に339.89（図51-2の値）を半角数字で入力し、キーボードの【Enter】を押します。

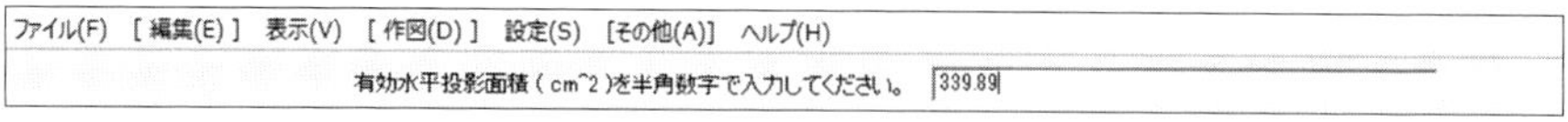

図53

(5)「RC設計強度Fc（N/mm^2）を半角数字で入力してください。」と表示されます。入力欄に24を半角数字で入力し、キーボードの【Enter】を押します。

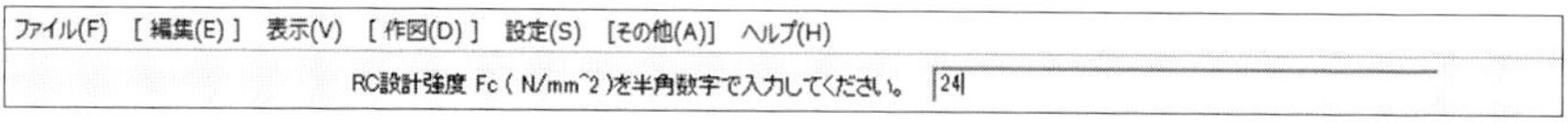

図54

(6)「書き出し点をクリックしてください。」と表示されます。作図画面の適当な位置をクリックします。図55は計算結果の表示です。

```
........................................................................
コンクリートのコーン状破壊にかかる許容引張力
■ 入力値
コンクリートの設計強度 (Fc)    = 24 N/mm^2
有効水平投影面積 (S)           = 339.89 cm^2 ( 33989 mm^2 )
■ 各値の意味
0.75 : 拡張型アンカーの施工精度のバラつきによる遮減率
0.31 * √Fc : コーン状破壊に対するコンクリートの引張強度
2 / 3 : 短期荷重用の遮減率
■ 許容引張力を求めます
Ft = 0.31 * √Fc * S * 2 / 3 = 34412.359 N

拡張型アンカー
Ft = 0.75 * 0.31 * √Fc * S * 2 / 3 = 25809.269 N
........................................................................
※計算式は、各種合成構造設計指針・同解説(日本建築学会)によります
ACT&WORKS. https://www.actworks.biz/
作図画面の scale = 1 /2
文字巾×高さ = 4×4
```

図55

計算結果は次のようになります。

許容引張力　$Ft = 34,412.36N$

アンカーボルトに働く力と比較します。

$32380N < 34,412.36N$

$$\frac{32,380}{34,412.36} = 0.94$$

許容値100%に対し、94%となりました。この結果から、アンカーボルトは、接着系ボルトで埋込み深さ80を上回る必要があります。

ポイント

アンカー位置を図aのように広げると、深さ80の拡張アンカーでOKとなります。また、図bのようにベースプレートを大きくするとプレート厚さは薄くなります（値は、先の例に従って求めてみてください）。アンカーボルトは短いほうがコンクリートへの負担が減ります。ベースプレートは適度な厚さとしたいものです。寸法にゆとりを持つことは経済性と安全のポイントとなります。

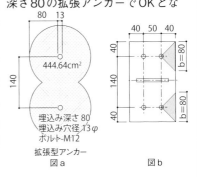

図a　拡張型アンカー
図b

2 | ペリカウンターカバーの下地

▶ 概要

　ペリメーター（perimeter）という言葉があります。外部と内部の境界領域を指します。建物では、外気と内気が接触する窓際がペリメーターゾーンと呼ばれます。事務所ビルでは、この部分に空調機を設置します。窓の腰壁に空気の吸入と吹出し口を付け、カウンター形状のカバーで隠します。このカバーをペリカウンターカバーと称します。造語です。図1はその断面図です。ここに化粧パネルのカバーを取り付けるための下地を設計します。下地は、図1-1に網掛けをしたL形材と、その上を直交する根太で構成されています。L形材は、足元を水平アジャスト用の別金物でビス留めをし、サッシ側は受けアングルに載せてボルトで留めます。L形材は、@1,000で配置します。図1-2の束パイプは、L形材@1,000の中央で根太を支えます。

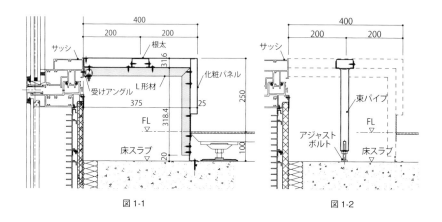

図 1-1　　　　　　　　図 1-2

図2は、長手（直交）方向の断面です。L形材@1,000が断面で見え、網掛け部分が根太です。

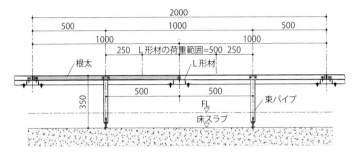

図2

　根太は、長さ1,000の材をL形材の芯でビス留めし繋ぎます。根太の長さ1,000の中央を束パイプが支えます。この天板に荷物を置いたり、人が腰掛けたときに壊れないことを期待します。その荷重は根太が受けてL形材に伝えます。L形材1カ所が負担する範囲は図2で示すように根太長さ500です。図3は、下地の構成を表した姿図です。

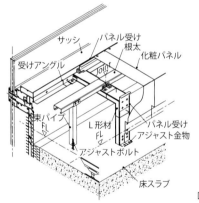

図3

　この中の主要部材であるL形材とそれを支える受けアングルとアジャスト金物を設計します。現場での組みやすさなどを考慮して、L形材はスチールチャンネルとし、受けアングルはサッシと同材のアルミ製とします。アジャスト金物はスチールプレートの曲げ材を使います。

▶ 計算ポイント

受けアングルについて

図4は、受けアングル回りの納まりです。受けアングルはアルミサッシにビス留めをします。ここにL形材を載せ、ボルトで留めます。この納まりから考えて受けアングルはL-30×30×3とします。このとき受けアングルには、図4のように上からの力Pvが働きアングルを押します。これをビスが水平の力Phで引っ張って固定します。

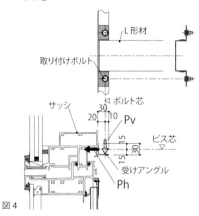

図4

図5-1では、受けアングルの鉛直面を水平力Phが押します。図5-2では、水平面を鉛直力Pvが押します。それぞれの面をアンカープレートと同様に扱います。図5-1は、幅30×高さ3の断面をもつ長さ17の片持梁として、図5-2では幅34×高さ3の断面をもつ片持梁と見立てます。この梁には図5-3、図5-4のようにPhとPvが働きます。

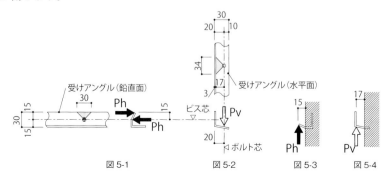

図5-1　　　図5-2　　　図5-3　　　図5-4

Pvは、水平面を曲げるのと同時に、鉛直面（図6網掛け部）をせん断します。

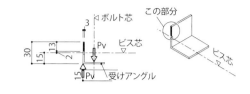

図6

L形材について

　L形材は工場加工の一体材です。サッシ側端部はボルト留めで、足元はビスで留めます。これをボルト側を移動端、足元を回転端と見立てます。ここに図7-1のように荷重が働きます。

　L形材は、図7-2のようにスライドして水平材には曲げのみが働き、鉛直材には軸力のみが働きます。そこでこれを図8のように水平材を単純梁とし、鉛直材を座屈材とする二つの部材に分けて計算をします。

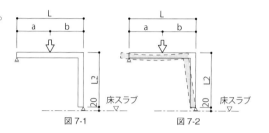

図7-1　　　図7-2

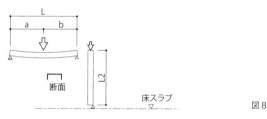

図8

アジャスト金物について

　アジャスト金物は、図9のような断面2.3×60、長さ30の曲げ材で、ここに鉛直荷重が働きます。

図9

▶ 設計条件

材質　SS400（構造用鋼材）

　　ヤング係数　　　　　$E = 20{,}500{,}000 \text{N/cm}^2$
　　許容曲げ応力度　　　$fb = 15{,}600 \text{N/cm}^2$（長期）
　　許容曲げ応力度　　　$fb = 23{,}500 \text{N/cm}^2$（短期）
　　許容引張応力度　　　$ft = 15{,}600 \text{N/cm}^2$（長期）

許容引張応力度	$ft = 23{,}500\text{N/cm}^2$（短期）
許容せん断応力度	$fs = 9{,}000\text{N/cm}^2$（長期）
許容せん断応力度	$fs = \dfrac{fb}{\sqrt{3}} = 13{,}500\text{N/cm}^2$（短期）（※計算値の端数を丸めています）

$fs = \dfrac{fb}{\sqrt{3}}$（共通）

材質　アルミ型（A6063-T5）（『アルミニウム建築構造設計規準・同解説』より）

ヤング係数	$E = 7{,}000{,}000\text{N/cm}^2$
許容曲げ応力度	$fb = 7{,}300\text{N/cm}^2$（長期）
許容曲げ応力度	$fb = 11{,}000\text{N/cm}^2$（短期）
許容引張応力度	$ft = 7{,}300\text{N/cm}^2$（長期）
許容引張応力度	$ft = 11{,}000\text{N/cm}^2$（短期）
許容せん断応力度	$fs = 4{,}200\text{N/cm}^2$（長期）
許容せん断応力度	$fs = 6{,}300\text{N/cm}^2$（短期）

荷重

天板の長さ1m当たり1,960N/m（200kg）

▶ L形材の必要断面性能

荷重を求めます

$P = 19.60\text{N/cm} \times 50\text{cm} = 980\text{N}$ …… 図2参照

図10-1はL形材の水平材を抜き出しました。図10-2は鉛直材です。水平材には、集中荷重Pが働きます。鉛直材には、軸力が働きます。

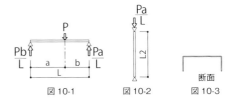

図10-1　　図10-2　　図10-3

水平部の必要断面性能を求めます

(1) Jw_cadの図面ファイル22_001.jwwを開きます（図11）。この図面は1/2で作図しています。図中右下の四角で囲った部分にS = 1/2の表示があります。これは現在スケールを示しています。作図スケールと現在スケールが一致しないと

適切な計算結果とならないので、確認してください。

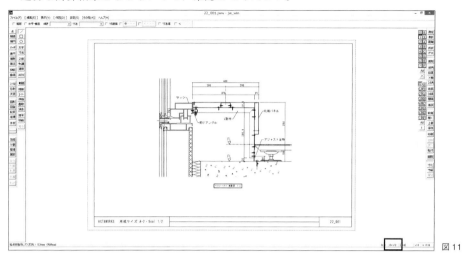

図11

(2) ［その他（A）］から外部変形（G）をクリックします。

(3) ファイル選択から「ACT_ST_単純梁_集中荷重」をクリックします。

(4) 「梁の 左端 or 上端 をクリックしてください。」と表示されます。図12の取付けボルト芯①をクリックします（※ポイントを特定する → 右クリック）。

(5) 「反対の端 をクリックしてください。」と表示されます。図12のL形材の出隅角②をクリックします（※ポイントを特定する → 右クリック）。

(6) 「荷重位置をクリックしてください。」と表示されます。図12の根太芯③をクリックします（※ポイントを特定する → 右クリック）。

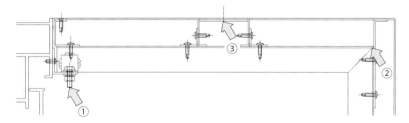

図12

(7) 「荷重Pの大きさ（N）を半角数字で入力してください。」と表示されます。入力欄に980を半角数字で入力し、キーボードの【Enter】を押します。

図13

2 | ペリカウンターカバーの下地　67

(8)「書き出し点をクリックしてください。」と表示されます。作図画面の適当な位置をクリックします。図14は計算結果の表示です。

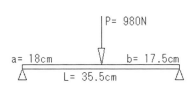

図14

計算結果は次のようになります。

断面2次モーメント　　$I = 0.376\text{cm}^4$ を上回る

断面係数　　　　　　$Z = 0.37\text{cm}^3$ を上回る

断面積　　　　　　　$A = 0.037\text{cm}^2$ を上回る

上記の計算結果が必要値となります。

　本ソフトでは、I・Z・Aの必要値を次の手順で求めています。

[Iの必要値を求めます]

次式より、たわみδを求めます。

たわみ　$\delta = \dfrac{Pb(3L^2 - 4b^2)}{48EI}$ …… ※荷重点から材端までの長さの小さいほうをbとします。

　この式は、単純梁の任意点に集中荷重が働くときの梁中点のたわみを求めます。厳密に言えば最大たわみではありませんが、これを近似値として採用しています。この式を使うのは、簡素で扱いやすいからです。でも、近似値で大丈夫かとの懸念もあります。そこで、この式の由来を紹介します。これを詳細に解説するのは本書の趣旨ではありませんので、要点をお伝えします。図15は、弾性曲線方程式を立てるための参考図です。

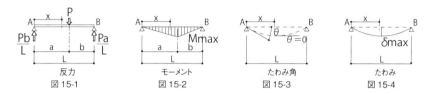

図15-1　反力　　図15-2　モーメント　　図15-3　たわみ角　　図15-4　たわみ

曲げモーメント　M
たわみ角　　　　θ
たわみ　　　　　δ

上記三つの値には、次の関係があります。

M → 積分 → θ

θ → 積分 → δ

ここで、図15-2の点xのモーメントは下式で求めます。

$M = \dfrac{Pb}{L} x - P(x - a)$

　上式を2度積分して積分常数などを整理し、梁の中点、$(x = \dfrac{L}{2})$のたわみを求めると、$\dfrac{Pb(3L^2 - 4b^2)}{48EI}$を得ます。この式に$b = \dfrac{L}{2}$を代入すると$\dfrac{PL^3}{48EI}$となります。これは単純梁の中点に集中荷重が働くときのたわみ式です。

　この式を導く過程で、図16-1に示すようにbを限りなく小さくしてb=0と置いてxを求めます。すると、そのxは梁中点から最も離れた点に集中荷重が働いたときに、最大たわみが起こる点となります。そのときの$\dfrac{L}{2}$（梁の中点）とxとの

差を求めると、その値は0.077×Lとなります。これは、図16-1に示す梁中央の0.15×Lの範囲です。これは荷重位置にかかわらず、その最大たわみは梁長さ（L）の中点から左右15％の範囲内に存在することを示しています。さらにそのときの梁中点のたわみと最大たわみとの差を求めると、図16-2で示すように2.5％以内に納まる結果となります。

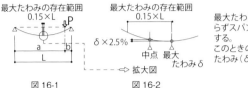

図16-1　図16-2

最大たわみ（δ）は、荷重位置にかかわらずスパンの中央15％の範囲内に存在する。
このときのスパン中点のたわみと最大たわみ（δ）との差は2.5％程度となる。

ここで、梁長さを2,000とすれば、その1/300は6.67です。その2.5％は、0.17となり0.2以下です。このことから、私たちが2次部材で扱うスケールならば、梁中点を最大たわみと扱っても、近似値として採用できると判断しました。できるだけ簡素な式で表したほうが、わかりやすいと判断したものです。

以上のことから、図14の計算結果には「※（I）の値は、梁中点を最大たわみとして求めています。」と注釈を入れています。ここまでの計算は、『建築応用力学』（小野 薫・加藤 渉 共著、共立出版刊）をもとに確認したものです。

たわみ式を変形すると断面2次モーメント（I）を得ます。

$$I = \frac{Pb(3L^2 - 4b^2)}{48E\,\delta}$$

ここで $\dfrac{たわみ}{材の長さ} = \dfrac{\delta}{L} = \dfrac{1}{300}$ とします。すると次式より、

$$\delta = \frac{L}{300} = \frac{35.5\text{cm}}{300} = 0.118\text{cm}$$

P = 980N

L = 35.5cm

a = 18cm

b = 17.5cm

上記の値をIの式に代入し、必要なIを得ます。

$$I = \frac{980\text{N} \times 17.5\text{cm} \times \{3 \times (35.5\text{cm})^2 - 4 \times (17.5\text{cm})^2\}}{48 \times 20{,}500{,}000\text{N/cm}^2 \times 0.118\text{cm}} = 0.377\text{cm}^4$$

※有効桁により末尾が異なる場合があります。

[Zの必要値を求めます]

次式より、最大曲げモーメントを求めます。

最大曲げモーメント $M = \dfrac{Pab}{L} = \dfrac{980N \times 18cm \times 17.5cm}{35.5cm} = 8,695.77Ncm$

曲げ応力度 $\sigma b = \dfrac{M}{Z}$

$\sigma b = fb$(鋼材の許容曲げ応力度)とすると、

$fb = \dfrac{M}{Z}$ となります。この式を変形すると必要なZを得ます。

$Z = \dfrac{M}{fb}$

$fb = 23,500N/cm^2$(短期)より、

$Z = \dfrac{M}{fb} = \dfrac{8,695.77Ncm}{23,500N/cm^2} = 0.37cm^3$

[Aの必要値を求めます]

次式より、最大せん断力Qを求めます。

最大せん断力 $Q = \dfrac{Pa}{L} = \dfrac{980N \times 18cm}{35.5cm} = 496.9N$

せん断応力度 $q = \dfrac{Q}{A}$

ここで$q = fs$(鋼材の許容せん断応力度)とすると、

$fs = \dfrac{Q}{A}$ となります。

上式を変形すると必要なAを得ます。

$fs = 13,500N/cm^2$(短期)

$A = \dfrac{Q}{fs} = \dfrac{496.9N}{13,500N/cm^2} = 0.037cm^2$

※有効桁により末尾が異なる場合があります。

計算結果の条件に合う鋼材を選びます。

C-60×30×1.6

- 断面2次モーメント　$Ix = 10.3\text{cm}^4$　　$Iy = 1.64\text{cm}^4$
- 断面係数　　　　　$Zx = 3.45\text{cm}^3$　　$Zy = 0.75\text{cm}^3$
- 断面積　　　　　　$A = 1.836\text{cm}^2$
- 断面2次半径　　　$ix = 2.37\text{cm}$　　　$iy = 0.95\text{cm}$

図17-1は、上記鋼材の断面です。図17-2の向きで使いますので、y軸回りの値を採用します。

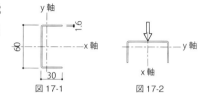

図17-1　　図17-2

▶ 鉛直部の座屈

座屈の計算について

座屈の計算は、部材の断面2次半径（i）・長さ（L）・材の支持状況（Lx）の三つを指標にして下式により細長比（$λ$）を求めることから始めます。

細長比　$\lambda = \dfrac{L \times Lx}{i}$

細長比と長期許容圧縮応力度の対応表から値を求めます。この値が圧縮応力度（荷重/断面積）を上回ればOKと判断できます。Lxは材端の拘束状況により図18のように定められています。

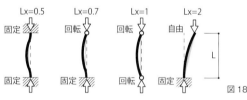

図18

『鋼構造設計規準』（日本建築学会、2005年版）の11章によれば、細長比は$1 < λ < 200$（柱材）。柱以外は$1 < λ < 250$の範囲内としています。この範囲に収まらないときには、断面などの条件を変えることになります。また、同書5章「許容応力度」の章には、表に代わる計算式が示されています。本書では、この計算式を採用しています。是非、同書を手元に置いて内容を確認してご利用ください。

荷重を求めます。

$Pv = \dfrac{Pa}{L} = \dfrac{980\text{N} \times 18\text{cm}}{35.5\text{cm}} = 496.9\text{N}$　……　図10-2を参照

水平材と同材として、図面から座屈計算をします

(1) Jw_cadの図面ファイル22_001.jwwを開きます。図11の図面です。
(2) ［その他（A）］から外部変形（G）をクリックします。
(3) ファイル選択から「ACT_ST_座屈」をクリックします。
(4) 「梁の 左端 or 上端 をクリックしてください」と表示されます。図19のL形材の出隅角①をクリックします（※ポイントを特定する → 右クリック）。

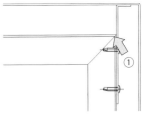

図19

(5) 「反対の端 をクリックしてください。」と表示されます。図20の足元ビス芯②をクリックします（※ポイントを特定する → 右クリック）。

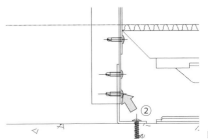

図20

(6) 「荷重Pの大きさ（N）を半角数字で入力してください。」と表示されます。入力欄に496.9を半角数字で入力し、キーボードの【Enter】を押します。

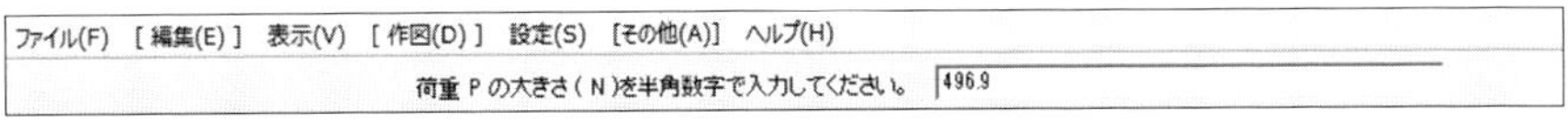

図21

(7) 「断面積A（cm^2）を半角数字で入力してください。」と表示されます。入力欄に1.836を半角数字で入力し、キーボードの【Enter】を押します。

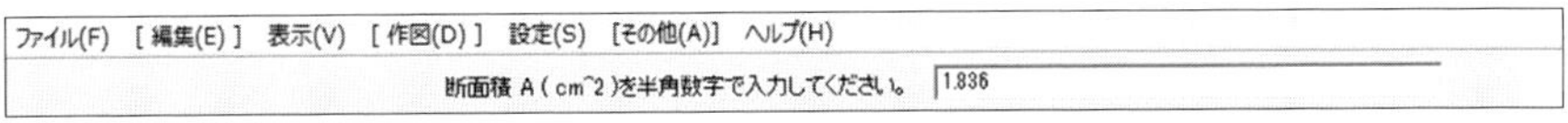

図22

(8)「断面2次半径i (cm) を半角数字で入力してください。」と表示されます。入力欄に0.95を半角数字で入力し、キーボードの【Enter】を押します。

図23

(9)「両端拘束＝0.5｜回転－拘束＝0.7｜両端回転＝1｜自由－拘束＝2」と表示されます。入力欄に0.7を半角数字で入力し、キーボードの【Enter】を押します（※上部は横材に拘束され、足元はビス留めなので回転端とします）。

図24

(10)「書き出し点をクリックしてください。」と表示されます。作図画面の適当な位置をクリックします。図25は計算結果の表示です。

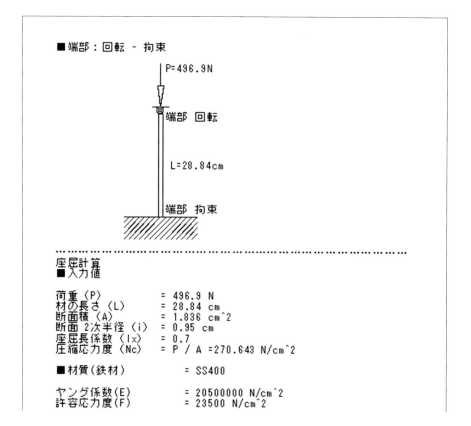

```
■細長比を求めます
細長比(λ)    = ( L × lx ) / i = 21.251
限界細長比(Λ) = pai × √( E / 0.6 F ) = 119.78908
■許容圧縮応力度-長期（fc）を求めます

(λ/Λ)^2 = (21.251 / 119.78908)^2 = 0.03147
μ = 1.5 + ( 2 (λ/Λ)^2 / 3 ) = 1.521

λ <= Λ → 21.251 < 119.78908
fc = ( 1 - 0.4 (λ/Λ)^2 ) F / μ = 15255.872 N/cm^2 （長期）
fc × 1.5                      = 22883.808 N/cm^2 （短期）

■判定

Nc < fc（長期） → 270.643 < 15255.872 ∴ OK
Nc < fc（短期） → 270.643 < 22883.808 ∴ OK

Nc/fc（長期） →0.018 → 許容値100%に対し1.8 %
Nc/fc（短期） →0.012 → 許容値100%に対し1.2 %
・・・・・・・・・・・・・・・・・・・・・・・・・・・・・・・・・・・・・・・・・・・・・
鋼構造設計規準-2005年版 5.1-許容圧縮応力度による
ACT&WORKS. https://www.actworks.biz/
作図画面の scale = 1 /2
文字巾 × 高さ =4×4
```

図25

計算結果は次のようになります。

$Nc < fc$（短期）→ 270.643 < 22,883.808　∴ OK

Nc / fc（短期）→ 0.012 → 許容値100％に対し1.2%

許容値100％に対し座屈応力度が1.2％です。この値は非常に小さいので、OKと判断します。

▶ アジャスト金物の座屈を計算

アジャスト金物は、L形金物のサイズを考慮して図26のようにPL-2.3×50曲げ加工材をビス留めします。ここに鉛直部の軸力がそのまま働き、材を座屈させます。

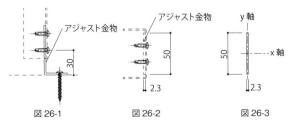

図26-1　　図26-2　　図26-3

断面性能は、

断面2次モーメント　　$Iy = \dfrac{bh^3}{12} = \dfrac{5\text{cm} \times (0.23\text{cm})^3}{12} = 0.005\text{cm}^4$

断面積　　　　　　　$A = 0.23\text{cm} \times 5\text{cm} = 1.15\text{cm}^2$

断面2次半径　　　　$iy = \sqrt{\dfrac{I}{A}} = \sqrt{\dfrac{0.005\text{cm}^4}{1.15\text{cm}^2}} = 0.065\text{cm}$

となります。

荷重は、

$Pv = 496.9\text{N}$ です。

図面から座屈を計算します

(1) Jw_cadの図面ファイル22_001.jwwを開きます。図11の図面です。

(2) ［その他（A）］から外部変形（G）をクリックします。

(3) ファイル選択から「ACT_ST_座屈」をクリックします。

(4) 「梁の 左端 or 上端 をクリックしてください。」と表示されます。図27のビス芯①をクリックします（※ポイントを特定する → 右クリック）。

(5) 「反対の端 をクリックしてください。」と表示されます。図27のアジャスト金物の底②をクリックします（※ポイントを特定する → 右クリック）。

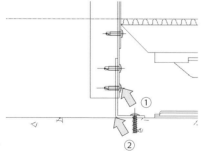

図27

(6) 「荷重Pの大きさ（N）を半角数字で入力してください。」と表示されます。入力欄に496.9を半角数字で入力し、キーボードの【Enter】を押します。

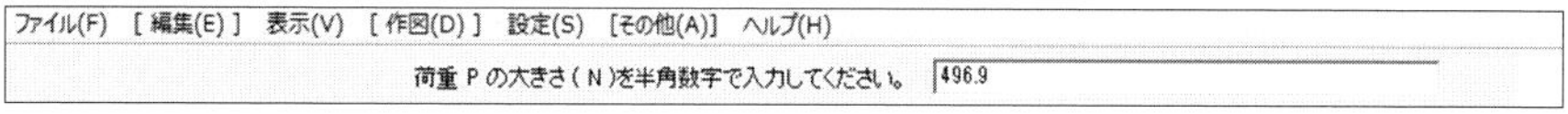

図28

(7) 「断面積A（cm^2）を半角数字で入力してください。」と表示されます。入力

欄に1.15を半角数字で入力し、キーボードの【Enter】を押します。

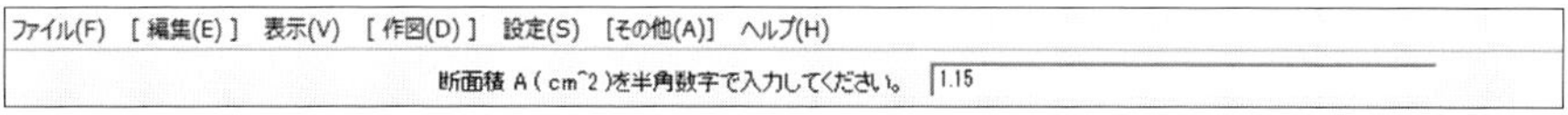

図29

(8)「断面2次半径i（cm）を半角数字で入力してください。」と表示されます。入力欄に0.065を半角数字で入力し、キーボードの【Enter】を押します。

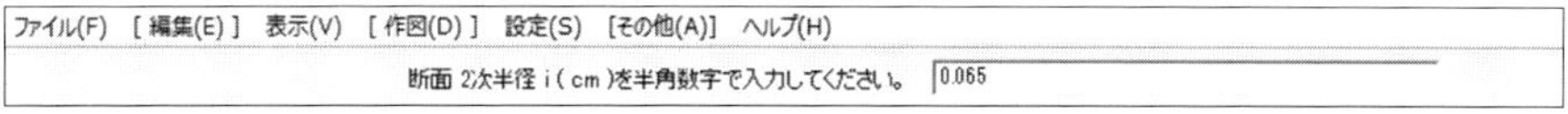

図30

(9)「両端拘束＝0.5┃回転－拘束＝0.7┃両端回転＝1┃自由－拘束＝2」と表示されます。入力欄に0.5を半角数字で入力し、キーボードの【Enter】を押します（※両端ともにビス留めですが、材が短いので両端拘束とします）。

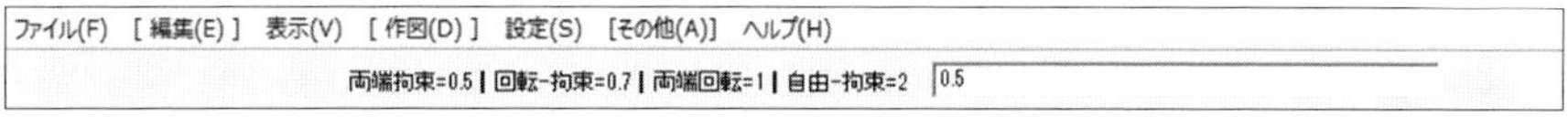

図31

(10)「書き出し点をクリックしてください。」と表示されます。作図画面の適当な位置をクリックします。図32は計算結果の表示です。

■端部：両端 拘束

座屈計算
■入力値

荷重（P） = 496.9 N
材の長さ（L） = 3 cm
断面積（A） = 1.15 cm^2
断面 2次半径（i） = 0.065 cm
座屈長係数（lx） = 0.5
圧縮応力度（Nc） = P / A =432.087 N/cm^2

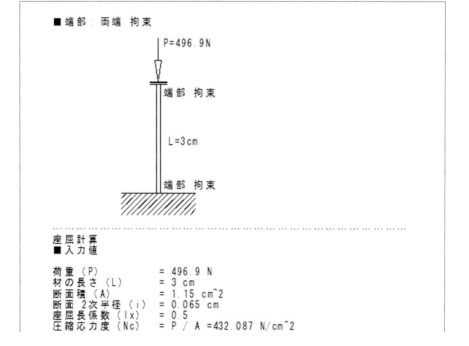

```
■材質(鉄材)            = SS400
ヤング係数(E)          = 20500000 N/cm^2
許容応力度(F)          = 23500 N/cm^2
■細長比を求めます
細長比(λ)     = ( L × lx ) / i = 23.077
限界細長比(Λ) = pai × √(E / 0.6 F ) = 119.78908
■許容圧縮応力度-長期 (fc) を求めます
(λ/Λ)^2 = (23.077 / 119.78908)^2 = 0.03711
μ = 1.5 + ( 2 (λ/Λ)^2 / 3 ) = 1.525
λ <= Λ → 23.077 < 119.78908
fc = ( 1 - 0.4 (λ/Λ)^2 ) F / μ = 15181.092 N/cm^2 (長期)
fc × 1.5                       = 22771.638 N/cm^2 (短期)
■判定
Nc < fc (長期)  → 432.087 < 15181.092 ∴ OK
Nc < fc (短期)  → 432.087 < 22771.638 ∴ OK

Nc/fc (長期) → 0.028 → 許容値100%に対し2.8 %
Nc/fc (短期) → 0.019 → 許容値100%に対し1.9 %
鋼構造設計規準-2005年版 5.1-許容圧縮応力度による
ACT&WORKS. https://www.actworks.biz/
作図画面の scale = 1 /2
文字巾 × 高さ =4×4
```

図32

計算結果は次のようになります。

$Nc < fc$(短期)→ 432.087 < 22,771.638 ∴ OK

Nc / fc(短期)→ 0.019 → 許容値100%に対し1.9%

許容値100%に対し座屈応力度が1.9%です。この値は非常に小さいので、OKと判断します。

▶ 受けアングル（アルミ製）の必要断面性能

PvとPhを求めます

図33-1は、受けアングルを正面から見ています。図33-3は、受けアングルの断面です。

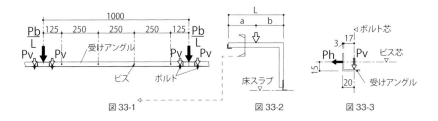

図33-1　　　　　　　　　図33-2　　　　図33-3

L形材は受けアングルにボルト2カ所で留まります。したがって、ボルト芯に働く力Pvは次の式で求められます。

$$Pv = \frac{Pb}{L} \div 2 = \frac{980\text{N} \times 17.5\text{cm}}{35.5\text{cm}} \div 2 = 241.55\text{N}$$

図33-1は、受けアングルが$Pv \times 2$カ所を4本のビスでリップに留めています。また、図33-3のPvとPhの関係から、それぞれの力を次の式で求めます。

$$Pv \times 20 \times 2\text{カ所} = Ph \times 15 \times 4\text{カ所}$$

$$Ph = Pv \times \frac{40}{60} = 241.55 \times \frac{4}{6} = 161.03\text{N}$$

Ph（ビス留め）側の必要断面性能を求めます

(1) Jw_cadの図面ファイル22_001.jwwを開きます。図11の図面です。
(2) ［その他（A）］から外部変形（G）をクリックします。
(3) ファイル選択から「ACT_AL_片持梁_集中荷重」をクリックします。
(4) 「梁の 左端 or 上端 をクリックしてください。」と表示されます。図34のビス芯①をクリックします（※ポイントを特定する → 右クリック）。
(5) 「反対の端 をクリックしてください。」と表示されます。図34の受けアングル先端②をクリックします（※ポイントを特定する → 右クリック）。

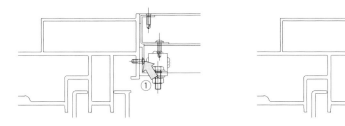

図34

(6) 「荷重Pの大きさ（N）を半角数字で入力してください。」と表示されます。入力欄に161.03を半角数字で入力し、キーボードの【Enter】を押します。

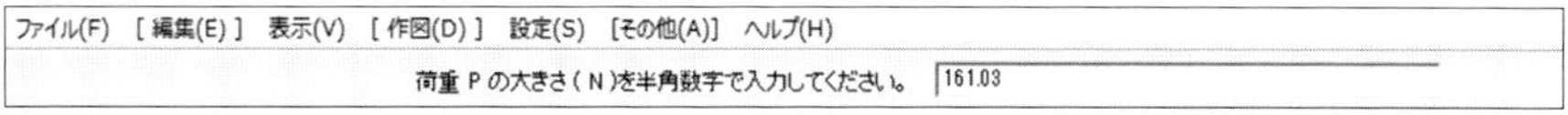

図35

(7)「書き出し点をクリックしてください。」と表示されます。作図画面の適当な位置をクリックします。図36は計算結果の表示です。

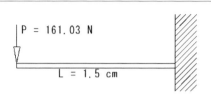

```
■片持梁・集中荷重

集中荷重      = 161.03 N
梁長さ        = 1.5 cm

■材質（アルミ型材）  = A6063-T5

ヤング係数(E)        = 7000000 N/cm^2
許容曲げ応力度(fb)   = 11000 N/cm^2（短期）
許容せん断応力度(fs) = 6300 N/cm^2（短期）

■応力 他

最大曲げモーメント(M) = 241.545 Ncm
最大せん断力(Q)       = 161.03 N
たわみ量(1/100)       = 0.015 cm

★ 断面2次モーメント(I) = 0.002 cm^4 を上回る
★ 断面係数(Z)          = 0.022 cm^3 を上回る
★ 断面積(A)            = 0.026 cm^2 を上回る

上記すべての★印値を満足する断面を採用してください。
必要断面性能 ACT&WORKS. https://www.actworks.biz/
作図画面の scale = 1/2
文字巾 × 高さ =4×4
```

図36

計算結果は次のようになります。

断面2次モーメント　　$I = 0.002 \mathrm{cm}^4$ を上回る

断面係数　　　　　　$Z = 0.022 \mathrm{cm}^3$ を上回る

断面積　　　　　　　$A = 0.026 \mathrm{cm}^2$ を上回る

上記の計算結果が必要値となります。受けアングルはL-30×30×3を想定しています。その断面性能は次のようになります。

断面性能

B（幅）$\times h$（高さ）$= 30 \times 3$

断面2次モーメント　　$I = 0.006 \text{cm}^4$

断面係数　　　　　　$Z = 0.04 \text{cm}^3$

断面積　　　　　　　$A = 0.9 \text{cm}^2$

どの値も必要値を上回るので、OKと判断します。

Pv（ボルト留め）側の必要断面性能を求めます

(1) Jw_cadの図面ファイル22_001.jwwを開きます。図11の図面です。

(2) ［その他（A）］から外部変形（G）をクリックします。

(3) ファイル選択から「ACT_AL_片持梁_集中荷重」をクリックします。

(4) 「梁の 左端 or 上端 をクリックしてください。」と表示されます。図37の受けアングル入隅①をクリックします（※ポイントを特定する → 右クリック）。

(5) 「反対の端 をクリックしてください。」と表示されます。図37のボルト芯②をクリックします（※ポイントを特定する → 右クリック）。

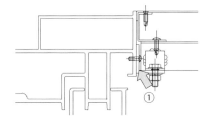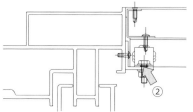

図37

(6) 「荷重Pの大きさ（N）を半角数字で入力してください。」と表示されます。入力欄に241.55を半角数字で入力し、キーボードの【Enter】を押します。

図38

(7) 「書き出し点をクリックしてください。」と表示されます。作図画面の適当な位置をクリックします。図39は計算結果の表示です。

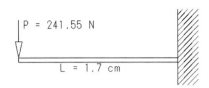

図39

計算結果は次のようになります。

断面2次モーメント　　$I = 0.003\text{cm}^4$を上回る

断面係数　　　　　　$Z = 0.037\text{cm}^3$を上回る

断面積　　　　　　　$A = 0.038\text{cm}^2$を上回る

上記の計算結果が必要値となります。受けアングルのL-30×30×3断面性能は、これを上回るのでOKと判断します。

Pvによる受けアングルのせん断を計算します（図6）

$Pv = 241.55\text{N}$

アルミ型（A6063-T5）の短期許容せん断応力度は、

$fs = 6,300\text{N/cm}^2$

せん断応力度$q = Q/A$、$q = fs$（鋼材の許容せん断応力度）とすると、

$Q = A \times q = A \times fs = 0.3\text{cm} \times 1.3\text{cm} \times 6{,}300\text{N/cm}^2 = 2{,}457\text{N}$

241.55N ＜ 2,431.65N

$\dfrac{241.55}{2{,}457} = 0.098$

許容値100％に対して9.8％なのでOKと判断します。

L形材について補足

この計算では、L形材のサッシ側の端部を移動端とし、計算を簡単にするために単純梁と圧縮材に分けました。これを両端ともに回転端とすると図40-1のモーメントと反力が導かれます。

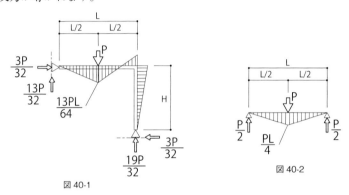

図40-1　　　　　　　　　図40-2

図40-2は単純梁です。両者の最大モーメントを比較すると $\dfrac{13PL}{64} \fallingdotseq \dfrac{PL}{4.9} < \dfrac{PL}{4}$ となり、単純梁のほうが少し大きい値となります。単純梁で計算しておけば、少し安全側といえます。

ちなみに、図40-1では足元に水平力 $\dfrac{3P}{32}$ が働きます。この水平力が足元を拘束するコンクリートビスをせん断することになります。

3 | 重量物を転倒させないアンカーボルト

▶ 概要

既設建物の屋上パラペットの上に、投光機を置きたい。投光器は重さ約20kgで、イベントを開催する日の夕刻に取り付けて外部広場を照らし、終わればその夜のうちに収容します。このため、簡単に移動できる重さと大きさにしたい。そこで、図1のようなアングルフレームの架台を考案しました。投光器につり合うよう架台に重りを付けます。重りは取り外し式です。恒久施設ではないので、錆は考えず構造用鋼材SS400を工場溶接で製作し塗装します。短時間の使用なので地震力は考慮しませんが、高い場所なので風にあおられて転倒する心配があります。このことから、次の事柄を計算します。

- 架台（アングルフレーム）が投光器の重量に耐える
- できるだけ軽量にする
- 風で転倒しない

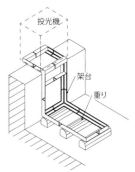

図1

▶ 計算ポイント

はじめに、全体の重量を知りたいので、アングルサイズを求めます。図2-1のように投光器の重量P_1は、その重心に働くとするところですが、ここでは安全を確保するために、負荷の大きい先端に働くものとします。足元は重りの重量で動かないとすれば、架台は図2-2のように変形するはずです。そのときのモーメントは図2-3です。この最大モーメントMに耐える断面性能を求め、これを上回る鋼材を見つけます。

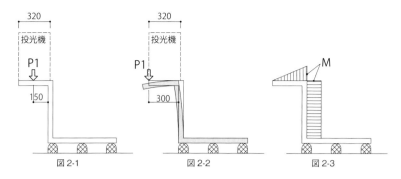

図2-1　図2-2　図2-3

次に、架台は図3のように3方向に転倒します。図3-1は、建物外側からの風による転倒です。図3-2は、それとは反対方向の転倒です。図3-3は、横方向の転倒です。それぞれの図で、架台は転倒支点を要（かなめ）にして倒れます。図中の$Ph1$は、投光器正面の面積に働く風圧力、$Ph2$は投光器側面の面積に働く風圧力、$P1$は投光器の重量です。すべてそれぞれの重心に働きます。架台と重りは一体として、その重量Rは重りの重心に働くことにします。図中の寸法は、荷重点と転倒支点との距離です。

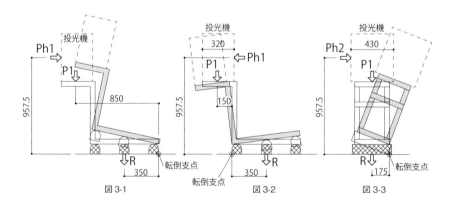

図3-1　図3-2　図3-3

上記の3方向で、それぞれ次の関係が成り立てば転倒しないといえます。

- $Ph1 \times 957.5 - P1 \times 850 - R \times 350 = 0$（図3-1）
- $-Ph1 \times 957.5 - P1 \times 150 + R \times 350 = 0$（図3-2）
- $Ph2 \times 957.5 - P1 \times 175 - R \times 175 = 0$（図3-3）

便宜上、転倒支点に対して時計回りの関係となる力をプラス（＋）としています。上記が成り立たず転倒するとき、それを防ぐ方策を立てなければなりません。そこで、図4のようにパラペットにステンレス製アンカーボルトを打ち込んでおき、ボルト締めをすることにします。

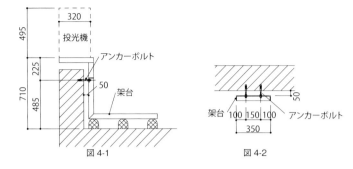

図4-1 　　　　　　図4-2

図3-1で転倒するとき、図5-1のようにアンカーボルトには引張力Tが働きます。Tは次式より求めます。

$$\frac{Ph1 \times 957.5 - P1 \times 850 - R \times 350}{485} = T$$

アンカーボルトが引張力Tに耐えれば、転倒を防ぎます。

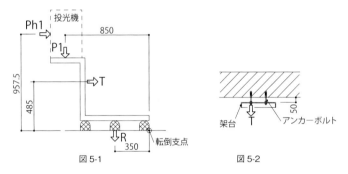

図5-1 　　　　　　図5-2

図3-2で転倒するとき、図6-1のようにアンカーボルトには軸力Tが働きます。Tは次式より求めます。

$$\frac{-Ph1 \times 957.5 - P1 \times 150 + R \times 350}{485} = T$$

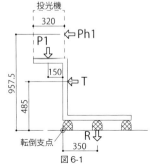
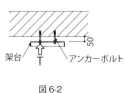

図6-1 　　　　　　図6-2

アンカーボルトが軸力Tによって、座屈しなければ転倒を防ぎます。

図3-3で転倒するとき、図7-1のようにアンカーボルトには力Tが働きます。Tは次式より求めます。

$$\frac{Ph2 \times 957.5 - P1 \times 175 - R \times 175}{485} = T$$

Tはボルトの先端に働く集中荷重で、このときアンカーボルトは片持梁となります。

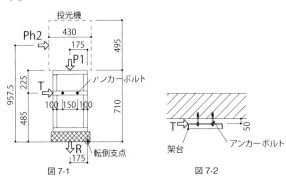

図 7-1　　　　　　　　図 7-2

▶ 設計条件

設計風圧力　　$Pw = 2,500\text{N/m}^2 = 0.25\text{N/cm}^2$

投光機正面の面積　$S1 = 43\text{cm} \times 49.5\text{cm} = 2,128.5\text{cm}^2$

風圧力　$Ph1 = 0.25\text{N/cm}^2 \times 2,128.5\text{cm}^2 = 532.13\text{N}$

投光機側面の面積　$S2 = 32\text{cm} \times 49.5\text{cm} = 1,584\text{cm}^2$

風圧力　$Ph2 = 0.25\text{N/cm}^2 \times 1,584\text{cm}^2 = 396\text{N}$

投光機重量　$P1 = 200\text{N}$（約20kg）

重り　$R1 = 250\text{N}$（3ヵ所合計）

材質　SS400（アングル）

ヤング係数　　　　　　　$E = 20,500,000\text{N/cm}^2$

許容曲げ応力度　　　　$fb = 15,600\text{N/cm}^2$（長期）

許容曲げ応力度　　　　$fb = 23,500\text{N/cm}^2$（短期）

許容せん断応力度　　　$fs = \dfrac{fb}{\sqrt{3}} = 13,500\text{N/cm}^2$（短期）（※計算値の端数を丸めています）

▶ 必要断面性能

アングルの必要断面性能を求めます

アングルは片持梁とします。

(1) Jw_cad図面ファイル23-001.jwwを開きます（図8）。この図面は1/5で作図しています。図中右下の四角で囲った部分にS＝1/5の表示があります。これは現在スケールを示しています。作図スケールと現在スケールが一致しないと適切な計算結果とならないので、確認してください。

図8

(2)［その他（A）］から外部変形（G）をクリックします。
(3) ファイル選択から「ACT_ST_01片持梁_集中荷重」をクリックします。

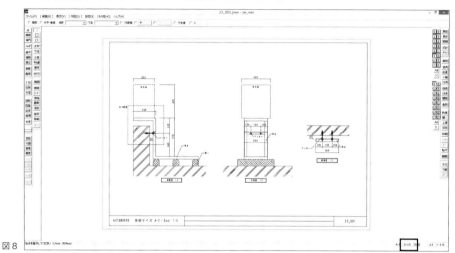

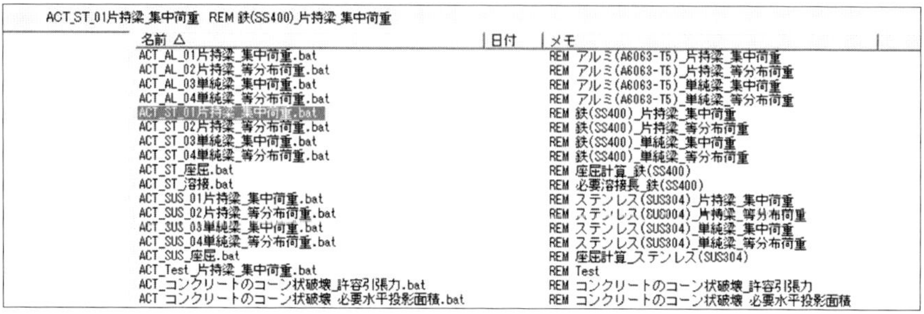

図9

(4)「梁の 左端or上端 をクリックしてください。」と表示されます。
(5)「反対の端 をクリックしてください。」と表示されます。

(6) (4)、(5) に従って、図10のアングル先端①と出隅②をクリックします（※ポイントを特定する → 右クリック）。

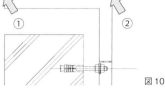

図10

(7)「荷重Pの大きさ（N）を半角数字で入力してください。」と表示されます。入力欄に100を半角数字で入力し、キーボードの【Enter】を押します（※投光器の荷重200Nをアンカーボルト2本で支えるので、1本当たり100N）。

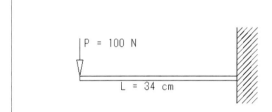

図11

(8)「書き出し点をクリックしてください。」と表示されます。作図画面の適当な位置をクリックします。図12は計算結果の表示です。

```
       P = 100 N
         ↓
    ┌─────────────────┐▓
    └─────────────────┘▓
         L = 34 cm     ▓

··············································································

■片持梁・集中荷重

集中荷重         = 100 N
梁長さ           = 34 cm

■材質(鉄材)              = SS400

ヤング係数(E)            = 20500000 N/cm^2
許容曲げ応力度(fb)       = 23500 N/cm^2（短期）
許容せん断応力度(fs)     = 13500 N/cm^2（短期）

■応力 他

最大曲げモーメント(M)    = 3400 Ncm
最大せん断力(Q)          = 100 N
たわみ量(1/100)          = 0.34 cm

★ 断面2次モーメント(I) = 0.188 cm^4 を上回る
★ 断面係数(Z)          = 0.145 cm^3 を上回る
★ 断面積(A)            = 0.007 cm^2 を上回る

··············································································
```

```
上記すべての★印値を満足する断面を採用してください。
必要断面性能 ACT&WORKS. https://www.actworks.biz/
作図画面の scale = 1 /5
文字巾 × 高さ =4×4
```

図12

計算結果は次のようになります。

断面2次モーメント　　$I = 0.188\text{cm}^4$ を上回る

断面係数　　　　　　$Z = 0.145\text{cm}^3$ を上回る

断面積　　　　　　　$A = 0.007\text{cm}^2$ を上回る

上記の計算結果が必要値となります。この条件に合うアングルを採用します。

L-25×25×3のアングル

・断面2次モーメント　$I = 0.797\text{cm}^4$

・断面係数　　　　　$Z = 0.448\text{cm}^3$

・断面積　　　　　　$A = 1.427\text{cm}^2$

上記のサイズでOKとわかりました。製作と取付けの容易さ（後のボルト締め）を考慮して次のサイズを採用することにします。

L-40×40×3のアングル

・断面2次モーメント　$I = 3.53\text{cm}^4$

・断面係数　　　　　$Z = 1.21\text{cm}^3$

・断面積　　　　　　$A = 2.336\text{cm}^2$

・単位重量　　　　　$W = 1.83\text{kg/m} = 1.83\text{kg/m} \times 9.80665 = 17.95\text{N/m}$

　　　　　　　　　　　　（※1kgf = 9.80665Nで換算します）

上記の結果から架台重量を求めます。

アングルの総延長約5mより、

架台重量　$R2 = 17.95\text{N/m} \times 5\text{m} = 89.75\text{N} \rightarrow 90\text{N}$ とします。

アンカーボルトを転倒させる引張力を計算します

　アンカーボルトは、ステンレス製の拡張型とします。拡張型とはコンクリートに先穴を開け、そこに打ち込むなどしてボルト径を拡張して固定するものです。ボルトは次のサイズを採用します。

ボルトM12（SUS304）

- 有効断面積　　　　　$A = 0.843 \text{cm}^2$（鋼構造設計規準によります）
- 断面2次モーメント　$I = 0.06 \text{cm}^4$（以下は有効断面積より算出）
- 断面係数　　　　　　$Z = 0.11 \text{cm}^3$
- 断面2次半径　　　　$i = 0.26 \text{cm}$

SUS304の性能（JIS G 4304 機械的性質によります）

- ヤング係数　　　　　$E = 19,300,000 \text{N/cm}^2$
- 許容曲げ応力度　　　$fb = 20,500 \text{N/cm}^2$（短期）
- 許容引張応力度　　　$ft = 20,500 \text{N/cm}^2$（短期）
- 許容せん断応力度　　$fs = \dfrac{fb}{\sqrt{3}} = 11,830 \text{N/cm}^2$（短期）（※計算値の端数を丸めています）

荷重を求めます。

風圧力　$Ph1 = 43\text{cm} \times 49.5\text{cm} \times 0.25\text{N/cm}^2 = 532.13\text{N}$

投光機の重量　$P1 = 200\text{N}$

重り　$R = R1 + R2 = 250\text{N} + 90\text{N} = 340\text{N}$

次の式が$Tm = 0$とならなければ転倒することになります。

$Tm = Ph1 \times 95.75\text{cm} - P1 \times 85\text{cm} - R \times 35\text{cm}$ ……図3-1参照

　　$= 532.13\text{N} \times 95.75\text{cm} - 200\text{N} \times 85\text{cm} - 340\text{N} \times 35\text{cm}$

　　$= 22,051.45\text{Ncm}$

このときアンカーボルト1本に働く引張力Tは次の式より求めます。アンカーボルトは2本なので、

$T = \dfrac{22,051.45\text{Ncm}}{48.5\text{cm} \times 2\text{本}} = 227.33\text{N}$ ……図5-1参照

アンカーボルト1本の許容引張力を求めます。

許容引張力　$Bt = ft \times A = 20,500\text{N/cm}^2 \times 0.843\text{cm}^2 = 17,281.5\text{N}$

引張力とボルトの許容引張力を比較します。

$T < ft \rightarrow 227.33\text{N} < 17,281.5\text{N}$

$$\frac{227.33}{17{,}281.5} = 0.013 \rightarrow 許容値100\%に対し1.3\%$$

許容値100％に対し、引張力は1.3％です。この値は非常に小さいので、OKと判断します。

アンカーボルト圧縮による転倒を計算します

次の式が$Tm = 0$とならなければ転倒することになります。

$Tm = -Ph1 \times 95.75\text{cm} - P1 \times 15\text{cm} + R \times 35\text{cm}$ …… 図3-2参照

$\quad = -532.13\text{N} \times 95.75\text{cm} - 200\text{N} \times 15\text{cm} + 340\text{N} \times 35\text{cm}$

$\quad = -42{,}051.45\text{Ncm}$ （※マイナスは方向なので値のみ使います）

このときアンカーボルト1本に働く力Tは次の式より求めます。アンカーボルトは2本なので、

$$T = \frac{42{,}051.45\text{Ncm}}{48.5\text{cm} \times 2本} = 433.52\text{N}$$ …… 図6-1参照

アンカーボルトの座屈を計算します

(1) Jw_cadの図面ファイル23_001.jwwを開きます。図8の図面です。

(2) ［その他（A）］から外部変形（G）をクリックします。

(3) ファイル選択から「ACT_SUS_座屈」をクリックします。

(4) 「梁の 左端 or 上端 をクリックしてください。」と表示されます。

(5) 「反対の端 をクリックしてください。」と表示されます。

(6) (4)、(5)に従い、図13のコンクリート面①とアングル裏面②をクリックします（※ポイントを特定する → 右クリック）。

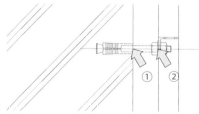

図13

(7) 「荷重Pの大きさ（N）を半角数字で入力してください。」と表示されます。入力欄に433.52を半角数字で入力し、キーボードの【Enter】を押します。

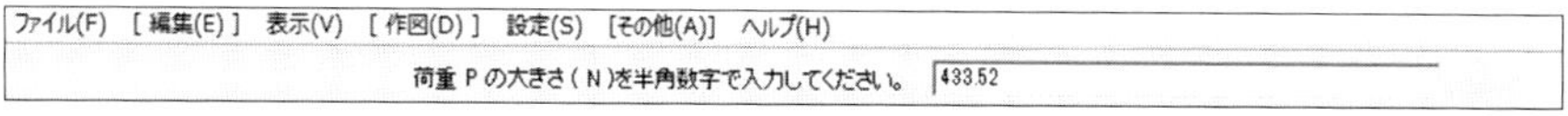

図14

(8)「断面積A(cm^2)を半角数字で入力してください。」と表示されます。入力欄に0.843を半角数字で入力し、キーボードの【Enter】を押します。

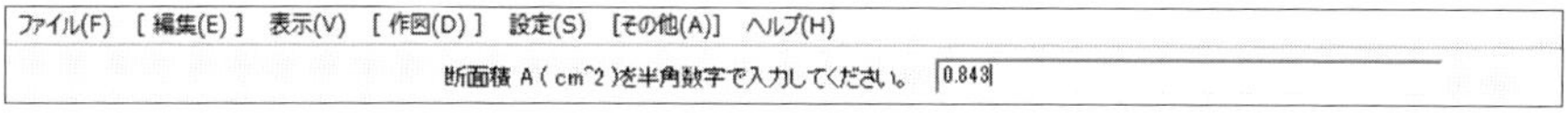

図15

(9)「断面2次半径i(cm)を半角数字で入力してください。」と表示されます。入力欄に0.26を半角数字で入力し、キーボードの【Enter】を押します。

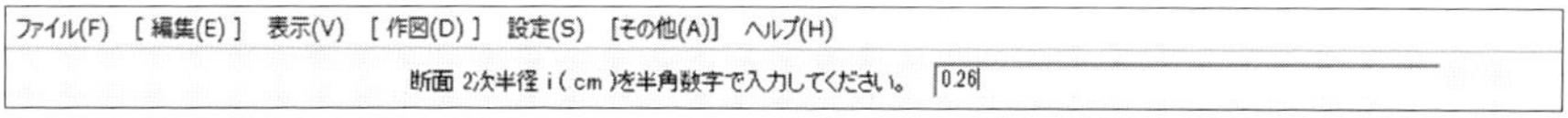

図16

(10)「両端拘束=0.5│回転−拘束=0.7│両端回転=1│自由−拘束=2」と表示されます。入力欄に0.7を半角数字で入力し、キーボードの【Enter】を押します(※コンクリート側は拘束、アングル側はナット締めなので回転とします)。

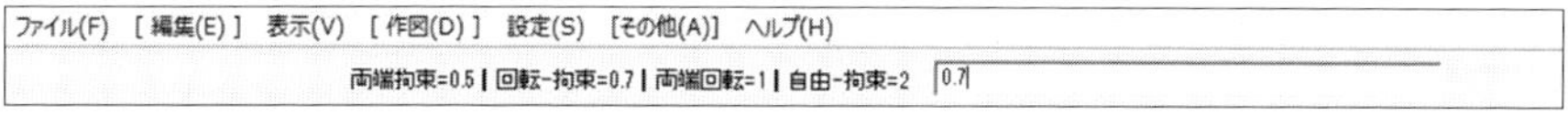

図17

(11)「書き出し点をクリックしてください。」と表示されます。作図画面の適当な位置をクリックします。図18は計算結果の表示です。

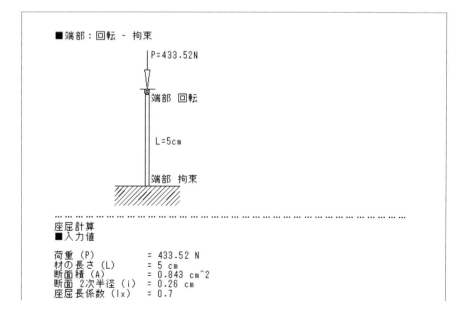

3 │ 重量物を転倒させないアンカーボルト

```
圧縮応力度（Nc）     = P / A =514.259 N/cm^2

■材質(ステンレス材) = SUS304
ヤング係数(E)        = 19300000 N/cm^2
許容応力度(F)        = 20500 N/cm^2

■細長比を求めます

細長比(λ)           = ( L × Ix ) / i = 13.462
一般化細長比(cλ)    = λ × pai × √( F / E ) = 1.378

■許容圧縮応力度-長期（fc）を求めます

0.2 < cλ <= 1.5
fc  = ( 1.12 - 0.6 × cλ ) F / 1.5 = 4007.067 N/cm^2（長期）
fcs = fc × 1.5                    = 6010.601 N/cm^2（短期）

■判定

Nc < fc （長期）   → 514.259 < 4007.067 ∴ OK
Nc < fcs（短期）   → 514.259 < 6010.601 ∴ OK

Nc/fc（長期）→0.128 → 許容値100%に対し12.8 %
Nc/fc（短期）→0.086 → 許容値100%に対し8.6 %
………………………………………………………………………………
平成13年国土交通省告示第1024号による
ACT&WORKS. https://www.actworks.biz/
作図画面の scale = 1 /5
文字巾 × 高さ =4×4
```

図18

計算結果は次のようになります。

$Nc < fc$（短期）→ $514.259 < 6,010.601$ ∴ OK

Nc / fc（短期）→ 0.086 → 許容値100%に対し8.6%

許容値100%に対し座屈応力度が8.6%です。この値は非常に小さいので、OKと判断します。

ステンレス鋼の座屈計算は、平成13年国土交通省告示第1024号によって計算式が示されています。図18は、これに従って計算したものです。

アンカーボルトの曲げによる転倒を計算します

荷重を求めます。

風圧力　$Ph2 = 32cm × 49.5cm × 0.25N/cm^2 = 396N$

投光機重量　$P1 = 200N$

重り　$R = R1 + R2 = 250N + 90N = 340N$

次の式が$Tm = 0$とならなければ転倒することになります。

$Tm = Ph2 × 95.75cm - P1 × 17.5cm - R × 17.5cm$ …… 図3-3参照

　　$= 396N × 95.75cm - 200N × 17.5cm - 340N × 17.5cm$

$$= 28{,}467 \text{Ncm}$$

このときアンカーボルト1本に働く力Tは次の式より求めます。アンカーボルトは2本なので、

$$T = \frac{28{,}467 \text{Ncm}}{48.5 \text{cm} \times 2 \text{本}} = 293.47 \text{N} \cdots\cdots 図7\text{-}1参照$$

アンカーボルトの必要断面性能を求めます

(1) Jw_cadの図面ファイル23_001.jwwを開きます。図8の図面です。
(2) ［その他（A）］から外部変形（G）をクリックします。
(3) ファイル選択から「ACT_SUS_01片持梁_集中荷重」をクリックします。
(4) 「梁の 左端 or 上端 をクリックしてください。」と表示されます。
(5) 「反対の端 をクリックしてください。」と表示されます。
(6) (4)、(5)に従い、図19のコンクリート面①とアングル裏面②をクリックします（※ポイントを特定する → 右クリック）。

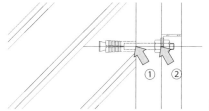

図19

(7) 「荷重Pの大きさ（N）を半角数字で入力してください。」と表示されます。入力欄に293.47を半角数字で入力し、キーボードの【Enter】を押します。

図20

(8) 「書き出し点をクリックしてください。」と表示されます。作図画面の適当な位置をクリックします。図21は計算結果の表示です。

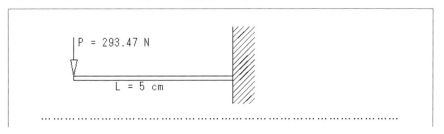

```
■片持梁・集中荷重

集中荷重     = 293.47 N
梁長さ       = 5 cm

■材質(ステンレス材) = SUS304

ヤング係数(E)         = 19300000 N/cm^2
許容曲げ応力度(fb)    = 20500 N/cm^2 (短期)
許容せん断応力度(fs)  = 11830 N/cm^2 (短期)

■応力 他

最大曲げモーメント(M) = 1467.35 Ncm
最大せん断力(Q)       = 293.47 N
たわみ量(1/100)       = 0.05 cm

★ 断面2次モーメント(I) = 0.013 cm^4 を上回る
★ 断面係数(Z)          = 0.072 cm^3 を上回る
★ 断面積(A)            = 0.025 cm^2 を上回る
‥‥‥‥‥‥‥‥‥‥‥‥‥‥‥‥‥‥‥‥‥‥‥‥‥‥‥‥‥‥‥‥
上記すべての★印値を満足する断面を採用してください。
必要断面性能 ACT&WORKS. https://www.actworks.biz/
作図画面の scale = 1 /5
文字巾 × 高さ =4×4
```

図21

計算結果は次のようになります。

断面2次モーメント $I = 0.013 \text{cm}^4$ を上回る

断面係数 $Z = 0.072 \text{cm}^3$ を上回る

断面積 $A = 0.025 \text{cm}^2$ を上回る

上記の計算結果が必要値となります。採用したボルトの断面性能と比較します。

ボルトM12（SUS304）

・有効断面積 $A = 0.843 \text{cm}^2$

・断面2次モーメント $I = 0.06 \text{cm}^4$

・断面係数 $Z = 0.11 \text{cm}^3$

部材が曲げ折れる限界の指標は断面係数です。そこで、両者の断面係数を比較します。

$0.072 < 0.11$

$$\frac{0.11}{0.072} = 1.53$$

必要値に対し、断面係数が53%上回ります。これによりボルトはM12でOKとなります。

よって、すべての項目に対して、OKとなりました。

▶ 架台の重心について

　図22は、架台の重心位置です。Rの位置とはズレがあります。複雑な形状の重心を求めるには、ソフトを使うなど別途の計算が必要です。この計算方法を示して正確な値を示すことは、本書が提案する趣旨ではありません。

　一方、架台の重量90Nに対して重りの重量は250Nであり、Rの大半は重りが占めます。これらを考慮して、ここでは手元にあるツールで大きく間違わない値を求めることを優先し、Rの位置を採用しました。

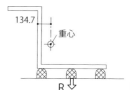

図22

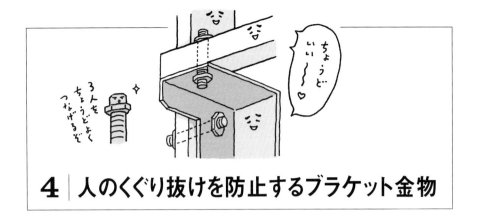

4 | 人のくぐり抜けを防止するブラケット金物

▶ 概要

支柱とハンドレールのみの既設ステンレス手摺があります。この手摺に、人のくぐり抜け防止のための横桟を取り付けます。このためのブラケット金物を考案しました。図1-1はブラケットを正面から、図1-2は側面から見た図です。

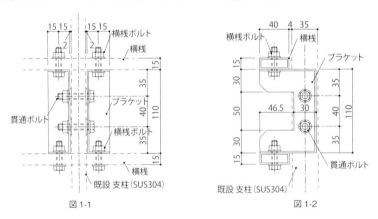

図 1-1　　　　　　　　　　図 1-2

ブラケットはステンレスアングル（SUS304）を図2のようにコの字形状に加工します。柱は@1,000です。ボルト締めなどの施工性を考慮し、L-30×30×2を想定します。このブラケットとボルトの強度を検討します。

▶ 計算ポイント

荷重について

人のくぐり抜け防止が目的です。横桟は足を掛けて踏みつけられることもあるで

しょう。そのような状況の荷重について、『建築物荷重指針・同解説』（日本建築学会、2015年）の「10.1.1人間の行動に伴う荷重」の項目に設計荷重の提案値として、「この提案では手すりを手以外の体の部位の足、肩や腰で押す場合が1m長さについて2,400N、壁を押す場合が2,200Nの値になっている」としています。手摺を踏みつける荷重は見当たりませんが、この提案値を拠り所にして鉛直荷重2,400N/mを採用します。

一方、『手摺の安全性に関する自主基準及び研究報告』（日本金属工事業協同組合）によれば、荷重を7段階に区分したグレード表を示しています。横桟を人が押す水平荷重は、この表からグレード4を採用します。同表に「対応する人間行動」の欄があります。これによれば、グレード4は1人で力一杯押す、4人横並びで力一杯押すと記載されています。また、「適用用途」の欄には、商業施設、公共施設の通路、共同住宅共用部、学校、大規模オフィスビル避難経路等と記載されています。グレード4の荷重は1,470N/mです。グレードはハンドレールに働く荷重です。横桟は補助材ですからハンドレールほどの荷重が必要とは思われませんが、ここではこの値を採用することにします。ここまでの考察から荷重を次の値とします。

・水平荷重　1,470N/m
・鉛直荷重　2,400N/m

支柱ピッチ1mであることから、ブラケットに働く水平荷重Phと鉛直荷重Pvは下式となります。

Ph = 1,470N/m × 1m = 1,470N

Pv = 2,400N/m × 1m = 2,400N

変形について

荷重は、図2-1の矢印のように横桟ボルト芯に働きます。ブラケットは貫通ボルトによって固定されます。すると水平の腕部分は、図2-2のように長さ41.5の片持梁となります。その先端にPvが働きます。

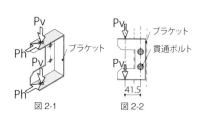

図2-1　図2-2

同時にPvは、貫通ボルトをせん断する力となります。Pvに押されてブラケットは回転しようとします。図3-1は上側の貫通ボルト芯を軸にして回る様子です。このとき下側の貫通ボルトには$Rv1$の力が働いて、回転を防ぎます。図3-2は回転軸が下側の貫通ボルト芯になります。このとき上側の貫通ボルト芯に$Rv2$が働いて、回転を防ぎます。この$Rv1$と$Rv2$は、それぞれのボルトをせん断します。

互いのボルトがそのときのせん断力に耐えれば、どちらのボルトも切断されないといえます。Ph のせん断に対しても同じ論で検討します。

　図3-3、3-4は Ph が働くとき、貫通ボルトをせん断力する力 $Rh1$、$Rh2$ を示しています。図3の各関係からせん断力は、次の式で求めます。

$Rv1 = Pv \times 41.5/40$

$Rv2 = Pv \times 41.5/40$

$Rh1 = Ph \times 35/40$

$Rh2 = Ph \times 75/40$

貫通ボルトは、上記の最も大きいせん断力に耐える断面を採用します。

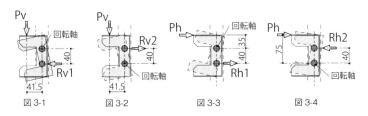

図3-1　　図3-2　　図3-3　　図3-4

　図4は、横桟ボルトに働く力です。図4-1のように、Ph はそのまま横桟ボルトをせん断します。図4-2では、Pv が横桟ボルトを引っ張ります。この二つの力に耐える断面を採用します。

図4-1　　図4-2

▶ 設計条件

材質　ステンレスブラケット（SUS304）

　ヤング係数　　　　　$E = 19{,}300{,}000 \text{N/cm}^2$

　許容曲げ応力度　　　$fb = 20{,}500 \text{N/cm}^2$（短期）

　許容曲げ応力度　　　$fb = 13{,}700 \text{N/cm}^2$（長期）

　許容せん断応力度　　$fs = \dfrac{fb}{\sqrt{3}} = 11{,}830 \text{N/cm}^2$（短期）（※計算値の端数を丸めています）

　許容せん断応力度　　$fs = 7{,}900 \text{N/cm}^2$（長期）

材質　ステンレスボルトSUS304（A2-70）

　引張強さ（許容応力度）$fbt = 45{,}000 \text{N/cm}^2$（短期）

許容せん断応力度　　　$fbs = \dfrac{fbt}{\sqrt{3}} = 25{,}980 \text{N/cm}^2$ （短期）

ステンレスボルトの許容値について

　許容値はJIS B 1054によるステンレスボルトの機械的性質から引用しています。下表でその概要を示しました（※強度区分70と80の値は、呼び長さ（呼び径×8）以下に適応）。

鋼種区分	強度区分	呼び径（mm）	引張強さ（N/mm^2）	耐力（N/mm^2）
A1、A2、A4	50	1.6〜39	500	210
	70	1.6〜20	700	450
	80		800	600

表1

　鋼種区分は鋼材の組成によるもので、SUS304はA2に含まれます。強度区分を理解するために、構造用鋼材SS400のボルト区分4.8と比べてみます。4.8の4は、引張強さ400N/mm^{2}です。8は、耐力がその8割の320N/mm^{2}だという表記です。ここでいう耐力とは、許容応力度と同意です。SS400ボルトの許容応力度320N/mm^{2}に対し、SUS304（A2-70）ボルトの許容応力度450N/mm^{2}という比較ができます。このようにステンレスボルトは強度区分によってその値が異なります。使用の際には、この点に注意が必要です。
　ボルトの許容値は、各メーカーのもつ値を参照する方法がありますが、ここでは上記の値を参照して、計算を進めます。

▶ ボルトの強度を計算

貫通ボルトのサイズを求めます

　ボルトに働くせん断力は、

$$Rv1 = Pv \times \dfrac{41.5}{40} = \dfrac{2{,}400\text{N} \times 4.15\text{cm}}{4\text{cm}} = 2{,}490\text{N}$$

$$Rv2 = Pv \times \dfrac{41.5}{40} = \dfrac{2{,}400\text{N} \times 4.15\text{cm}}{4\text{cm}} = 2{,}490\text{N}$$

$$Rh1 = Ph \times \frac{35}{40} = \frac{1,470\text{N} \times 3.5\text{cm}}{4\text{cm}} = 1,286.25\text{N}$$

$$Rh2 = Ph \times \frac{75}{40} = \frac{1,470\text{N} \times 7.5\text{cm}}{4\text{cm}} = 2,756.25\text{N}$$

となります。

$Rh2 = 2,756.25$N を採用し、必要断面積を求めます。

必要断面積　$Ba1 = \dfrac{Rh2}{fbs} = \dfrac{2,756.25\text{N}}{25,980\text{N/cm}^2} = 0.11\text{cm}^2$

上記を必要値として、これを上回るサイズを採用します。

M8の有効断面積が0.366cm^2（鋼構造設計規準より）なので、ここまでの計算よりステンレスボルトM8を採用します。

横桟ボルトのサイズを求めます

ボルトに働くせん断力は、

$Ph = 1,470$N

必要断面積　$Ba2 = \dfrac{Ph}{fbs} = \dfrac{1,470\text{N}}{25,980\text{N/cm}^2} = 0.06\text{cm}^2$

となります。

ボルトに働く引張力を求めます

$Pv = 2,400$N

必要断面積　$Ba3 = \dfrac{Pv}{fbt} = \dfrac{2,400\text{N}}{45,000\text{N/cm}^2} = 0.05\text{cm}^2$

$Ba2$と$Ba3$で大きいほうの値0.06cm^2を必要値として、これを上回るサイズを採用します。

M8の有効断面積は0.366cm^2なので、ここまでの計算よりステンレスボルトM8を採用します。

なお、ボルトをせん断する力は同時にブラケットもせん断します。したがって、ここで求めた必要断面積の値は、ブラケットのせん断を計算する際にも使います。その計算は、ブラケットのサイズを求めた後に行います。さらに、既設支柱もせん断を受けますが、ここではブラケットの計算に視点を当てて、既設支柱については述べません。

▶ ブラケット金物の計算をします

ブラケット金物の必要断面性能を求めます

(1) Jw_cadの図面ファイル24_001.jwwを開きます。図5です。この図面は1/2で作図しています。図中右下の四角で囲った部分にS＝1/2の表示があります。これは現在スケールを示しています。作図スケールと現在スケールが一致しないと適切な計算結果とならないので、確認してください。

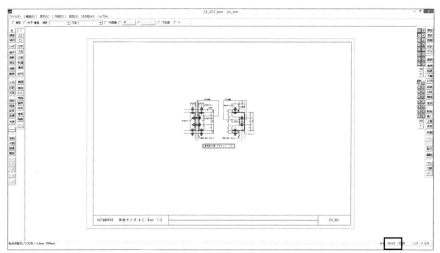

図5

(2) ［その他（A）］から外部変形（G）をクリックします。
(3) ファイル選択から「ACT_SUS_01片持梁_集中荷重」をクリックします。
(4) 「梁の 左端 or 上端 をクリックしてください。」と表示されます。
(5) 「反対の端 をクリックしてください。」と表示されます。
(6) (4)、(5)に従い、図6の横桟ボルト芯①をクリックし、貫通ボルト芯②をクリックします（※ポイントを特定する → 右クリック）。

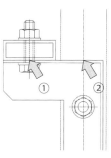

図6

(7)「荷重Pの大きさ（N）を半角数字で入力してください。」と表示されます。入力欄に2,400を半角数字で入力し、キーボードの【Enter】を押します。

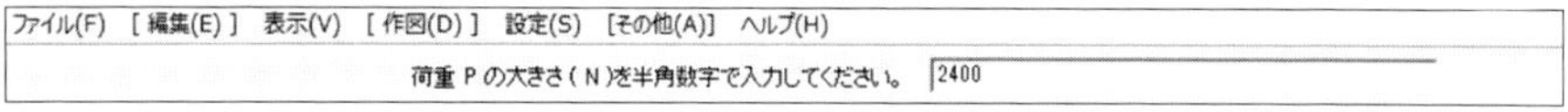

ファイル(F) [編集(E)] 表示(V) [作図(D)] 設定(S) [その他(A)] ヘルプ(H)
荷重 P の大きさ (N)を半角数字で入力してください。
2400

図7

(8)「書き出し点をクリックしてください。」と表示されます。作図画面の適当な位置をクリックします。図8は計算結果の表示です。

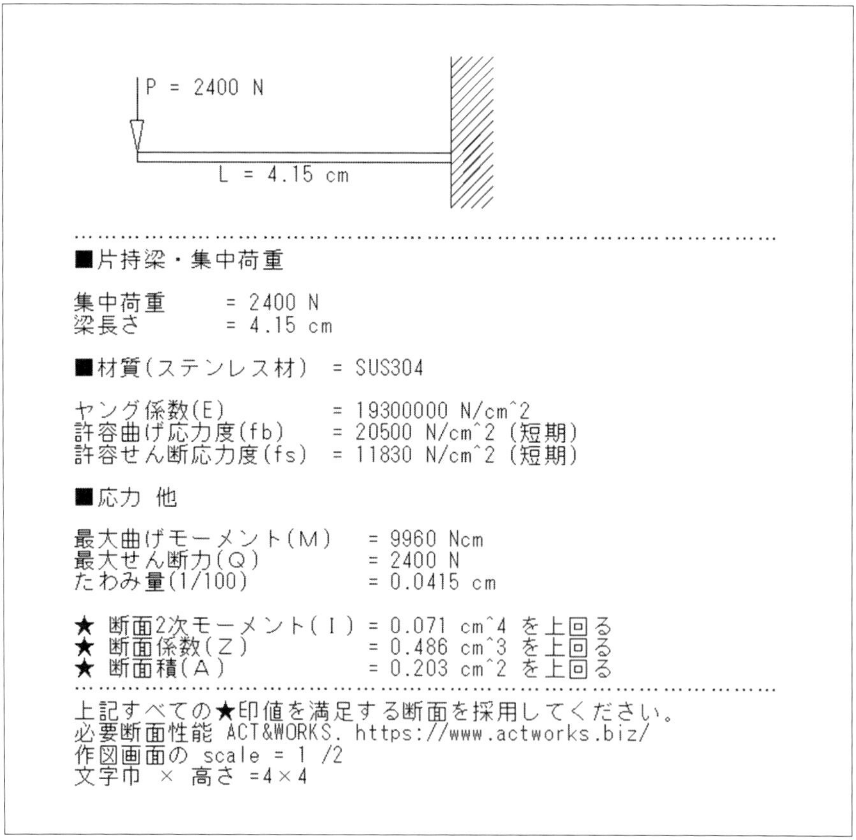

P = 2400 N
L = 4.15 cm
■片持梁・集中荷重
集中荷重 = 2400 N
梁長さ = 4.15 cm
■材質(ステンレス材) = SUS304
ヤング係数(E) = 19300000 N/cm^2
許容曲げ応力度(fb) = 20500 N/cm^2 (短期)
許容せん断応力度(fs) = 11830 N/cm^2 (短期)
■応力 他
最大曲げモーメント(M) = 9960 Ncm
最大せん断力(Q) = 2400 N
たわみ量(1/100) = 0.0415 cm
★ 断面2次モーメント(I) = 0.071 cm^4 を上回る
★ 断面係数(Z) = 0.486 cm^3 を上回る
★ 断面積(A) = 0.203 cm^2 を上回る
上記すべての★印値を満足する断面を採用してください。
必要断面性能 ACT&WORKS. https://www.actworks.biz/
作図画面の scale = 1 /2
文字巾 × 高さ =4×4

図8

計算結果は次のようになります。

断面2次モーメント　$I = 0.071\text{cm}^4$ を上回る

断面係数　$Z = 0.486\text{cm}^3$ を上回る

断面積　$A = 0.203\text{cm}^2$ を上回る

上記の計算結果が必要値となります。この条件に合うアングルを採用します。

L-30×30×2のアングル（図9）

・断面2次モーメント　$I = 1.019\text{cm}^4$
・断面係数　　　　　$Z = 0.468\text{cm}^3$
・断面積　　　　　　$A = 1.16\text{cm}^2$

上記の断面係数と必要値を比較します。

0.468 ＜ 0.486

必要値のほうが大きいので、このサイズではNGとなります。

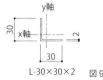

図9

次のサイズのアングルを確認します。

L-30×30×3のアングル（図10）

断面性能は次のようになります。

・断面2次モーメント　$I = 1.458\text{cm}^4$
・断面係数　　　　　$Z = 0.681\text{cm}^3$
・断面積　　　　　　$A = 1.71\text{cm}^2$

上記の断面係数と必要値を比較します。

0.486 ＜ 0.681

$$\frac{0.681}{0.486} = 1.4$$

必要値100%に対して40%上回るのでOKと判断します。

ブラケットの断面が求められたので、この部分のせん断について確認します。

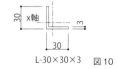

図10

ボルト芯でのせん断を計算します

　図11-1はブラケット先端部（横桟ボルト部）の断面です。Phにより網掛け部分がせん断を受けます。図11-2はブラケット断面（貫通ボルト部）です。$Rh2$により網掛け部分がせん断を受けます。Phと$Rh2$にそれぞれの断面が耐えればOKといえます。

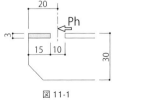

図11-1

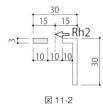

図11-2

横桟ボルト芯での許容せん断力（$Qs1$）を求めます。
$Qs1$ = 断面積 × fbs = (0.3cm × 1.5cm) × 25,980N/cm^4 = 11,691N
Ph と比較します。
Ph = 1,470N
1,470 < 11,691
$$\frac{11,691}{1,470} = 7.95$$
せん断力に対して、許容せん断力が7.9倍以上なのでOKと判断します。

貫通ボルト芯での許容せん断力（$Qs2$）を求めます。
$Qs2$ = 断面積 × fbs = (0.3cm × 1cm) × 25,980N/cm^2 = 7,794N
$Rh2$ と比較します。
$Rh2$ = 2,756.25N
7,794 > 2,756.25
$$\frac{7,794}{2756.25} = 2.83$$
せん断力に対して、許容せん断力が2.8倍以上なのでOKと判断します。
よって、すべての項目に対して、OKとなりました。

ポイント

手摺ブラケットのような小さな部材は、どうやって計算したものかと悩むことがあります。そんなときには力の道順を追って考えを進めます。例えば、図aのブラケット部分（断面記号）の強さを検討します。点Aにはモーメント$M = PL$が働きます。するとブラケットは、図bのような片持梁だと読み換えることができます。片持梁だとわかれば答えは目の前です。

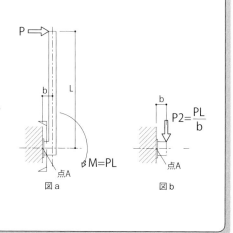

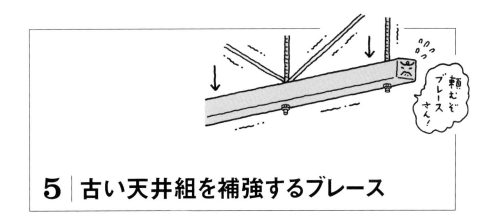

5 | 古い天井組を補強するブレース

▶ 概要

　古い軒天井（外部）を改修します。これを機に現行規定に適合した天井に作り替えます。図1は、既設天井組の姿です。□-100×100×2.3の上にL-65×65×6を流し、W3/8（全ネジ3分）ボルトが下がっています。ここに新しくストリンガーL-50×50×6と既製品アルミルーバーを取り付けます。下地材の材質はすべてSS400です。この天井の安全を確保する設計を行います。

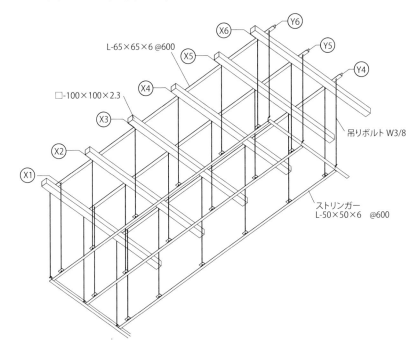

図1

はじめに、法律に関する項目を確認します。平成25年、建築基準施行令第39条に第3項として、特定天井という項目が追加されました。それに伴い、天井脱落対策に係る一連の技術基準告示（平成25年国土交通省告示第771号）において、特定天井の項目が定められました。以下は、告示第771号の抜粋です。

「第2 特定天井は、吊り天井であって、次のいずれにも該当するものとする。
一 居室、廊下その他の人が日常立ち入る場所に設けられるもの
二 高さが6mを超える天井の部分で、その水平投影面積が200m^{2}を超えるものを含むもの
三 天井面構成部材等の単位面積質量（天井面積の1m^{2}当たりの質量をいう。以下同じ）が2kgを超えるもの」

特定天井に該当しない天井は、設計者の判断で安全を確保することになります。この天井は特定天井に該当しませんが、想定される荷重に十分耐えるよう安全を確保するものとします。

まず気になるのは、ふところの高さです。吊りボルトが長いと、フラフラ横に揺れて仕上げ材を壊すかもしれません。また、下から風が吹くと座屈して脱落する事態が起こるかもしれません。図2-1は補強前のY通り軸組図、図2-2はX通りの軸組図です。天井仕上げ面からボルトの吊り元（L-65×65×6の下端）までの寸法は1,885です。ふところの寸法について、国土交通省の『公共建築工事標準仕様書』に基準が示されています。同仕様書の「金属工事－軽量鉄鋼天井下地－工法」の項目に次の記述があります。以下抜粋です。

「天井のふところが1.5m以上の場合は、吊りボルトと同等又は⊏-19×19×1.2（mm）以上を用いて、吊りボルトの水平補強、斜め補強を行うこととし、補強方法は、次による。
（1）水平補強は、縦横方向に間隔1.8m程度に配置する。
（2）斜め補強は、相対する斜め材を1組とし、縦横方向に間隔3.6m程度に配置する。」

このほかに、吊り材を長さ1,500以内で拘束するという指針は、日本建築学会の『天井等の非構造材の落下に対する安全対策指針・同解説』の「在来軽天井下地における損壊制御」の項目でも記載されています。是非、同書を手元に置いてご確認ください。

図2-3は、補強前の吊りボルトの取付け図です。吊りボルトの取付けは、水平調整のしやすさからナット締めが多く使われます。このナットを溶接して固めても、材が細く横揺れしそうです。そこで、図3のように吊りボルトを横に繋いで足元を

固めます。するとボルト間隔が拘束されて、横揺れしにくくなります。先の『公共建築工事標準仕様書』が示している斜め補強も、壁ブレースの効果を期待した、横揺れ対策です。このように吊り天井で最も注意すべきは、水平地震力だとわかります。

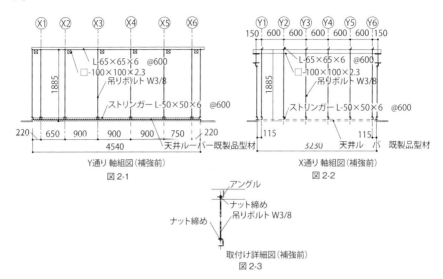

図2-1 Y通り 軸組図（補強前）
図2-2 X通り 軸組図（補強前）
図2-3 取付け詳細図（補強前）

　法律と指針に従い吊りボルトに補強を加えます。図3では吊りボルトを上から1,475の位置で横繋ぎ材を使ってX、Y方向に拘束しています。横繋ぎ材は□-38×12×1.2を使います。

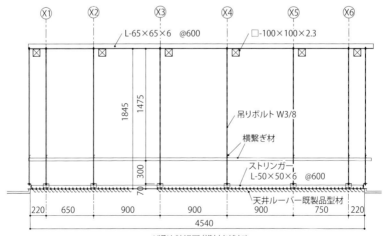

Y通り 軸組図（横材を追加）

図3

5｜古い天井組を補強するブレース　109

▶ 計算ポイント

吊りボルトとブレースの配置を考える

　ここまでで明らかなように、吊り天井の弱点は、吊りボルトにあります。吊りボルトは細く長い形状です。また、端部がボルト締めなので構造上両端はピン接合と判断します。この構造は、引張りとせん断には、断面積に応じて強度が期待できる一方、水平地震力には極めて弱いものです。加えてこれは外部ですから、下からの風圧力でボルトが座屈する心配があります。

　前出の『公共建築工事標準仕様書』に示されるように、水平力には材の引張りで抵抗する斜め補強（ブレース）が効果的です。図4-1は引張ブレースの様子です。このブレースを風圧力対策

図 4-1

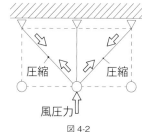
図 4-2

にも効くように案出したものが図4-2の圧縮ブレースです。このブレースは、水平地震力には引張材として働き、風圧力には圧縮材として働きます。

　図5はこのブレースを描き加えた軸組図です。ブレース材L-40×40×3を既製品クリップで吊りボルトに取り付けます。ブレース上部には、開き止めとして横繋ぎ材を使います。図中のブレース基準レベルは、ブレースの頂点位置です。

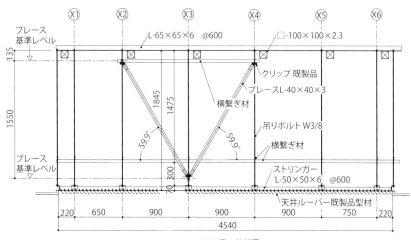

図5　　　　　　　　　　　Y2,Y5通り 軸組図

ブレースはX、Y両方向に効くよう配置します。配置を図6で示します。X、Yの方向に合わせて六つの通りがあります。ブレースはX通り方向に4カ所とY通り方向に2カ所です。吊りボルトは各通りの交点にあります。図7はX通りのブレースです。

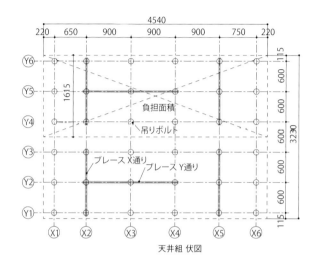

天井組 伏図　　　　　　　　　　図6

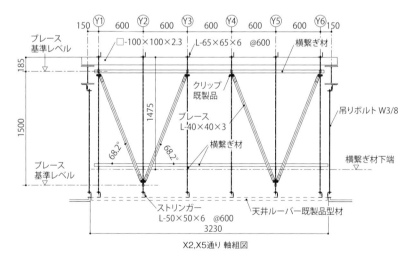

X2,X5通り 軸組図　　　　　　　図7

　ここまでの考察で、吊りボルトの水平地震力と風圧力に対する補強が立案できました。次に計算するものは、水平地震力と風圧力に対して最も大きな荷重を負担するブレースです。

ブレースが負担する荷重を考える

風圧力と水平地震力は次式から求めます。

　　風圧力　　　Pv ＝天井水平投影面積×単位風圧力
　　水平地震力　Ph ＝天井水平投影面積×自重×水平地震係数

　上式では、どちらの力も天井面積が大きいほど荷重が大きくなります。図8は吊りボルトの伏図です。図中の丸印が吊りボルトです。X4、Y2の負担面積1（900×600）が、吊りボルト1本が負担する天井面積です。ここに働く風圧力が、図9-1の★300を圧縮します。この部分は吊りボルトが直接風圧力を負担します。

　一方、図8の黒丸印はブレース位置です。X5、Y5の負担面積2（1,870×1,615）が、ブレース1組が負担する最も大きい天井面積です。ここに働く風圧力を、図7のブレース1組が負担します。

　ここでもう一度図6を見てください。図中、負担面積（4,540×1,615）が、ブレースが引張方向で負担する最大面積です。ここに働く水平地震力を、図5のブレースが負担します。

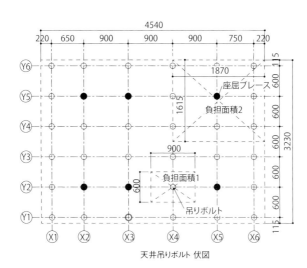

図8　　　　　　　　　天井吊リボルト 伏図

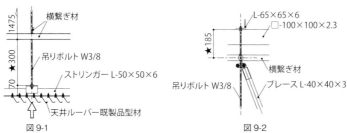

図9-1　　　　　　　　　　　図9-2

さらに図9-2は、吊りボルト上端です。図中の★185は圧縮ブレースに働く力を受け止めて圧縮されます。以上のことから、次の三つを計算します。

・吊りボルト下端および上端の座屈（図9）
・水平地震力によるブレースの引張り（図5）
・風圧力によるブレースの座屈（図7）

▶ 設計条件

断面性能

W 3/8 − 鋼製3分ボルト（吊りボルト）

JIS B 0206：1965の構成ナットの機械的性質に準じます。

強度区分4T

有効断面積	$A = 0.491\text{cm}^2$
有効径	$d = 0.8509\text{cm}$
最小引張強さ	$Pt = 1,970\text{kgf} \times 9.80665 = 19,319\text{N}$
断面2次モーメント	$I = 0.03\text{cm}^4$ …… $I、Z、i$ は有効断面積および有効径より計算
断面係数	$Z = 0.06\text{cm}^3$
断面2次半径	$i = 0.21\text{cm}$

L-40 × 40 × 3（ブレース）

断面積	$A = 2.336\text{cm}^2$
断面2次モーメント	$Iv = 1.456\text{cm}^4$
断面係数	$Zv = 0.906\text{cm}^3$
断面2次半径	$iv = 0.79\text{cm}$
引張りの有効断面積	$At = 1.575\text{cm}^2$

断面2次半径について

断面2次半径は、座屈しやすさの指標です。座屈は断面の最も弱い方向に起こると考えます。これに従い、図10-1にアングルの最も弱いv軸回りの断面性能を記載しています。その仕口は図10-3のように既製品クリップを使い、アングルの片刃を3-M5ビスで取り付けます。このアングルには、引張りも働きます。引張力が働くと、片刃を引っ張るので図心と力の軸が偏心します。それを計算上の整合をす

るために、断面積を低減して図10-2の網掛け部分を有効断面とします。さらにここでは、ビスによる断面欠損も差し引いています。

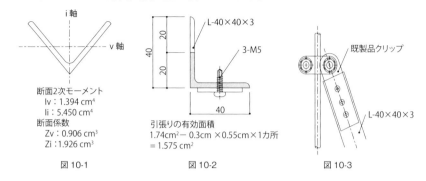

図10-1　　　　　図10-2　　　　　図10-3

材質　構造用鋼材（SS400）

ヤング係数　　　　$E = 20,500,000 \text{N/cm}^2$

許容引張応力度　　$ft = 23,500 \text{N/cm}^2$（短期）

許容曲げ応力度　　$fb = 23,500 \text{N/cm}^2$（短期）

許容せん断応力度　$fs = \dfrac{fb}{\sqrt{3}} = 13,500 \text{N/cm}^2$（短期）

▶ 水平地震力によるブレースの引張りの計算

荷重を求めます

水平地震力　Ph = 地震力 × 負担面積

$\qquad\qquad\qquad = 100 \text{N/cm}^2 \times 7.33 \text{m}^2 = 733 \text{N}$

地震力 = 自重 × 水平地震係数 = $100 \text{N/cm}^2 \times 1.0 = 100 \text{N/cm}^2$

自重（天井組材 + 仕上材）　100N/cm^2

水平地震係数　1.0

負担面積　$4.54 \text{m} \times 1.615 \text{m} = 7.33 \text{m}^2$

　　　……図6を参照

ブレースに働く引張力は図11より、

$Pt = Ph \times \dfrac{1,792.4}{900}$

$\quad = 733 \text{N} \times 1.99 = 1,458.67 \text{N}$

ブレースの許容引張応力

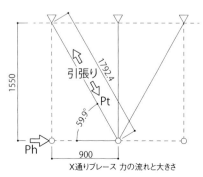

X通りブレース 力の流れと大きさ　　図11

$Ft = ft \times At$
　　$= 23{,}500\text{N/cm}^2 \times 1.575\text{cm}^2$
　　$= 37{,}012.5\text{N}$

$1{,}458.67\text{N} < 37{,}012.5\text{N}$ より、$\dfrac{1{,}458.67}{37{,}012.5} = 0.039$

許容値100％に対して、3.9％なのでOKと判定します。

▶ 風圧力による吊りボルト下端（長さ300）の座屈を計算

荷重を求めます

　風圧力　$Pv = $ 風圧力 − 自重 $= 1{,}296\text{N} - 54\text{N} = 1{,}242\text{N}$
　風圧力　$2{,}400\text{N/m}^2 \times 0.54\text{m}^2 = 1{,}296\text{N}$
　自重(天井組材＋仕上げ材)　$100\text{N/m}^2 \times 0.54\text{m}^2 = 54\text{N}$
　指定風圧力　$2{,}400\text{N/m}^2$
　負担面積1　$0.6\text{m} \times 0.9\text{m} = 0.54\text{m}^2$ …… 図8を参照

アンカーボルトの座屈を計算します

（1） Jw_cad図面ファイル25_001.jwwを開きます。図12です。この図面は1/20で作図しています。図中右下の四角で囲った部分にＳ＝1/20の表示があります。これは現在スケールを示しています。作図スケールと現在スケールが一致しないと適切な計算結果とならないので、確認してください。

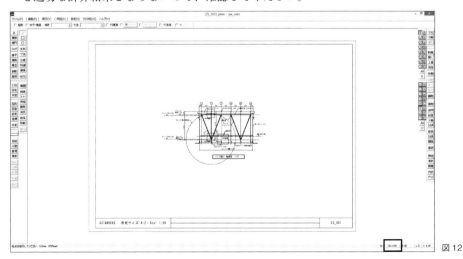

図12

5 ｜ 古い天井組を補強するブレース

(2)［その他（A）］から外部変形（G）をクリックします。

(3) ファイル選択から「ACT_ST_座屈」をクリックします。

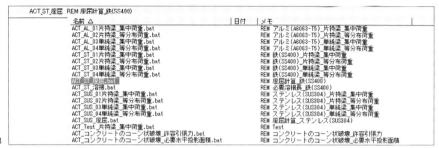
図13

(4)「梁の 左端 or 上端 をクリックしてください。」と表示されます。

(5)「反対の端 をクリックしてください。」と表示されます。

(6)（4）、（5）に従い、図14の横繋ぎ材下線とボルト芯の交点①とアングル裏面②をクリックします（※ポイントを特定する → 右クリック）。

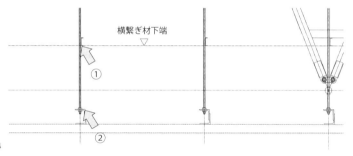
図14

(7)「荷重Pの大きさ（N）を半角数字で入力してください。」と表示されます。入力欄に1242を半角数字で入力し、キーボードの【Enter】を押します。

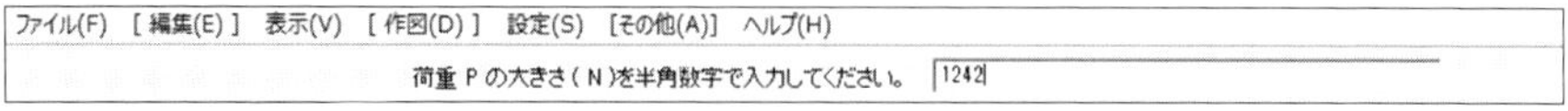

図15

(8)「断面積A（cm^2）を半角数字で入力してください。」と表示されます。入力欄に0.491を半角数字で入力し、キーボードの【Enter】を押します。

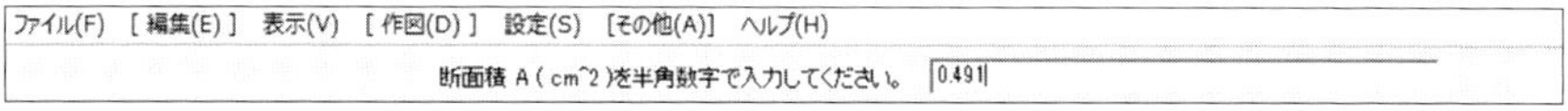

図16

(9)「断面2次半径i（cm）を半角数字で入力してください。」と表示されます。入

力欄に0.21を半角数字で入力し、キーボードの【Enter】を押します。

ファイル(F) [編集(E)] 表示(V) [作図(D)] 設定(S) [その他(A)] ヘルプ(H)
断面 2次半径 i(cm)を半角数字で入力してください。
0.21

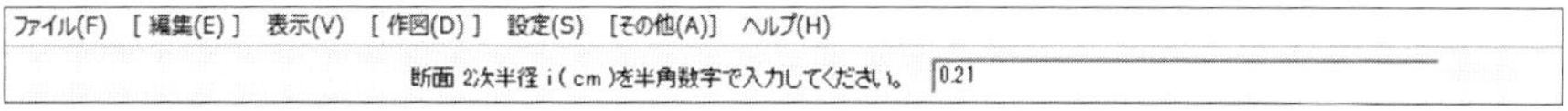

図17

(10)「両端拘束＝0.5 ┃回転－拘束＝0.7 ┃両端回転＝1 ┃自由－拘束＝2」と表示されます。入力欄に0.7を半角数字で入力し、キーボードの【Enter】を押します（※ボルト上部は横繋ぎ材で拘束され、下部はナット締めでピンと考えられるので「回転－拘束」を選びます）。

ファイル(F) [編集(E)] 表示(V) [作図(D)] 設定(S) [その他(A)] ヘルプ(H)
両端拘束=0.5┃回転-拘束=0.7┃両端回転=1┃自由-拘束=2
0.7

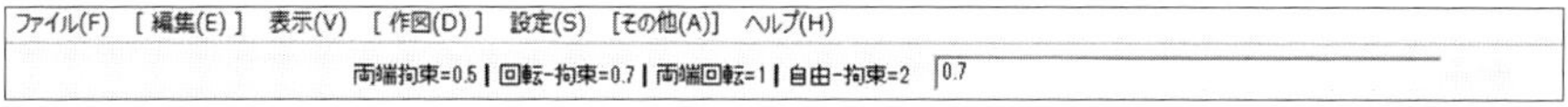

図18

(11)「書き出し点をクリックしてください。」と表示されます。作図画面の適当な位置をクリックします。図19は計算結果の表示です。

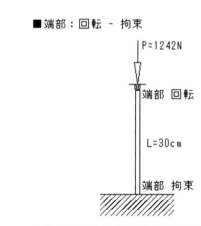

■端部：回転 - 拘束
P=1242N
端部 回転
L=30cm
端部 拘束
座屈計算
■入力値
荷重 (P) = 1242 N
材の長さ (L) = 30 cm
断面積 (A) = 0.491 cm^2
断面 2次半径 (i) = 0.21 cm
座屈長係数 (lx) = 0.7
圧縮応力度 (Nc) = P / A =2529.532 N/cm^2
■材質(鉄材) = SS400
ヤング係数(E) = 20500000 N/cm^2
許容応力度(F) = 23500 N/cm^2
■細長比を求めます

```
細長比(λ)      = ( L × lx ) / i = 100
限界細長比(Λ) = pai × √(E / 0.6 F) = 119.78908

■許容圧縮応力度-長期(fc)を求めます

(λ/Λ)^2 = (100 / 119.78908)^2 = 0.69689
μ = 1.5 + ( 2 (λ/Λ)^2 / 3 ) = 1.965

λ <= Λ  →  100 < 119.78908
fc = ( 1 - 0.4 (λ/Λ)^2 ) F / μ = 8625.564 N/cm^2 (長期)
fc × 1.5                      = 12938.346 N/cm^2 (短期)

■判定

Nc < fc (長期)  →  2529.532 < 8625.564 ∴ OK
Nc < fc (短期)  →  2529.532 < 12938.346 ∴ OK

Nc/fc (長期)  →0.293 → 許容値100%に対し29.3 %
Nc/fc (短期)  →0.196 → 許容値100%に対し19.6 %
…………………………………………………………
鋼構造設計規準-2005年版 5.1-許容圧縮応力度による
ACT&WORKS. https://www.actworks.biz/
作図画面の scale = 1 /20
文字巾 × 高さ =4×4
```

図19

計算結果は次のようになります。

$Nc < fc$（短期）→ 2,529.532 ＜ 12,938.346　∴ OK

Nc / fc（短期）→ 0.196 → 許容値100％に対し19.6％

許容値100％に対し座屈応力度が19.6％です。この値は非常に小さいので、OKと判断します。

▶ 風圧力によるブレースの座屈を計算

荷重を求めます

風圧力　Pv = 風圧力 − 自重 = 7,248 − 302N = 6,946N

風圧力　2,400N/m^2 × 3.02m^2 = 7,248N

自重(天井組材＋仕上げ材)　100N/m^2 × 3.02m^2 = 302N

指定風圧力　2,400N/m^2

負担面積2　1.87m × 1.615m = 3.02m^2 …… 図8を参照

ブレースに働く圧縮力は図20-3より、

$$Pn = Pv \times \frac{1,615.5}{1,500} \div 2 = \frac{6,946N \times 1.08}{2} = 3,750.84N$$

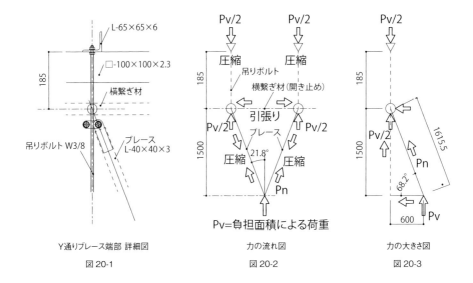

図20-1　Y通りブレース端部 詳細図

図20-2　力の流れ図

図20-3　力の大きさ図

アンカーボルトの座屈を計算します

(1) Jw_cadの図面ファイル25_001.jwwを開きます。図12の図面です。

(2) ［その他（A）］から外部変形（G）をクリックします。

(3) 「ファイル選択からACT_ST_座屈」をクリックします。

(4) 「梁の 左端 or 上端 をクリックしてください。」と表示されます。

(5) 「反対の端 をクリックしてください。」と表示されます。

(6) （4）、（5）に従い、図21のブレース長さ補助線とクリップボルト芯の交点①とクリップボルト芯②をクリックします（※ポイントを特定する → 右クリック）。

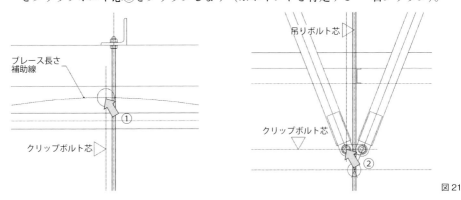

図21

(7) 「荷重Pの大きさ（N）を半角数字で入力してください。」と表示されます。入

力欄に3750.84を半角数字で入力し、キーボードの【Enter】を押します。

図22

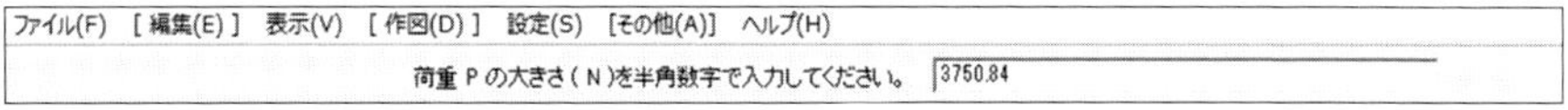

(8)「断面積A（cm^2）を半角数字で入力してください。」と表示されます。入力欄に2.336を半角数字で入力し、キーボードの【Enter】を押します。

図23

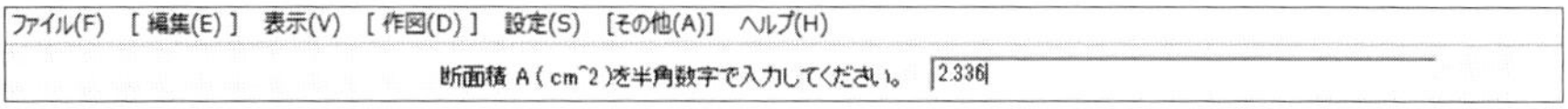

(9)「断面2次半径i（cm）を半角数字で入力してください。」と表示されます。入力欄に0.79を半角数字で入力し、キーボードの【Enter】を押します。

図24

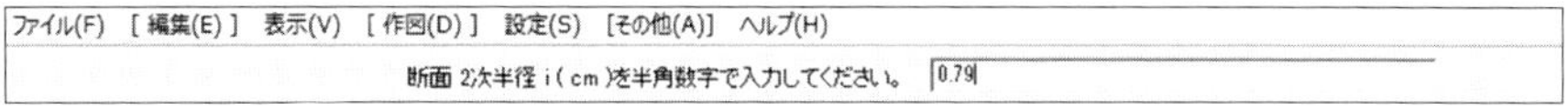

(10)「両端拘束＝0.5｜回転－拘束＝0.7｜両端回転＝1｜自由－拘束＝2」と表示されます。入力欄に1を半角数字で入力し、キーボードの【Enter】を押します（※両端ボルト締めなので回転とします）。

図25

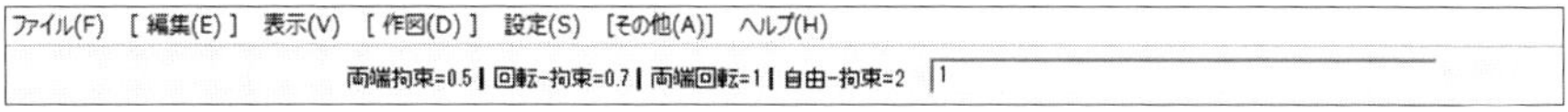

(11)「書き出し点をクリックしてください。」と表示されます。作図画面の適当な位置をクリックします。図26は計算結果の表示です。

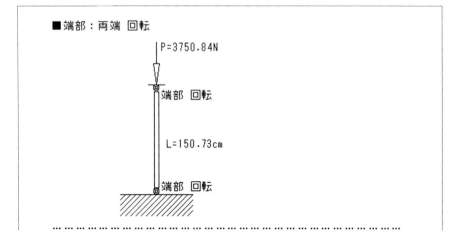

```
座屈計算
■入力値

荷重（P）         = 3750.84 N
材の長さ（L）      = 150.73 cm
断面積（A）       = 2.336 cm^2
断面2次半径（i）   = 0.79 cm
座屈長係数（lx）   = 1
圧縮応力度（Nc）   = P / A =1605.668 N/cm^2

■材質（鉄材）     = SS400

ヤング係数（E）    = 20500000 N/cm^2
許容応力度（F）    = 23500 N/cm^2

■細長比を求めます

細長比（λ）      = ( L × lx ) / i = 190.797

限界細長比（Λ） = pai × √(E / 0.6 F) = 119.78908

■許容圧縮応力度-長期（fc）を求めます

(λ/Λ)^2 = (190.797 / 119.78908)^2 = 2.53693
μ = 1.5 + ( 2 (λ/Λ)^2 / 3 ) = 3.191

λ ＞ Λ → 190.797 ＞ 119.78908
fc = ( 0.277 × F ) / (λ/Λ)~2 = 2565.897 N/cm^2 （長期）
fc × 1.5                    = 3848.846 N/cm^2 （短期）

■判定

Nc ＜ fc （長期） → 1605.668 ＜ 2565.897 ∴ OK
Nc ＜ fc （短期） → 1605.668 ＜ 3848.846 ∴ OK

Nc/fc（長期）→0.626 → 許容値100%に対し62.6 %
Nc/fc（短期）→0.417 → 許容値100%に対し41.7 %
…………………………………………………………………………
鋼構造設計規準-2005年版 5.1-許容圧縮応力度による
ACT&WORKS. https://www.actworks.biz/
作図画面の scale = 1 /20
文字巾 × 高さ =4×4
```

図26

計算結果は次のようになります。

$Nc ＜ fc$（短期）→ 1,605.668 ＜ 3,848.846　∴ OK

Nc / fc（短期）→ 0.417 → 許容値100%に対し41.7%

許容値100%に対し座屈応力度が41.7%ですので、OKと判断します。

▶ 風圧力による吊りボルト上端（長さ185）の座屈を計算

荷重を求めます

$$\frac{Pv}{2ヵ所} = \frac{6,946N}{2} = 3,473N \quad \cdots\cdots 図20\text{-}2参照$$

アンカーボルトの座屈を計算します

(1) Jw_cadの図面ファイル25_001.jwwを開きます。図12の図面です。
(2) ［その他（A）］から外部変形（G）をクリックします。
(3) 「ファイル選択からACT_ST_座屈」をクリックします。
(4) 「梁の 左端 or 上端 をクリックしてください。」と表示されます。
(5) 「反対の端 をクリックしてください。」と表示されます。
(6) （4）、（5）に従い、図27のアングル下面①とブレース基準レベルと吊りボルト芯の交点②をクリックします（※ポイントを特定する→右クリック）。

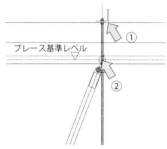

図27

(7) 「荷重Pの大きさ（N）を半角数字で入力してください。」と表示されます。入力欄に3473を半角数字で入力し、キーボードの【Enter】を押します。

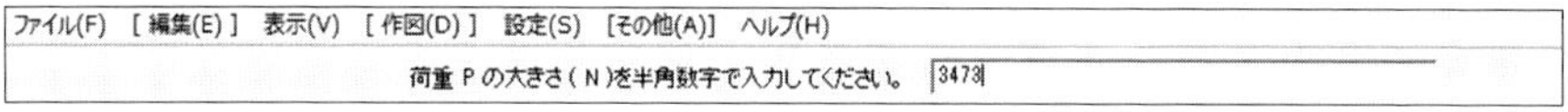

図28

(8) 「断面積A（cm^2）を半角数字で入力してください。」と表示されます。入力欄に0.491を半角数字で入力し、キーボードの【Enter】を押します。

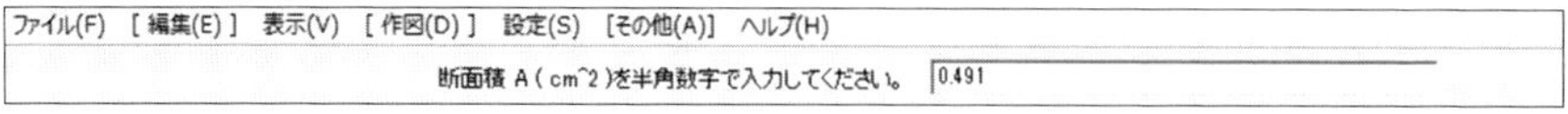

図29

(9) 「断面2次半径i（cm）を半角数字で入力してください。」と表示されます。入力欄に0.21を半角数字で入力し、キーボードの【Enter】を押します。

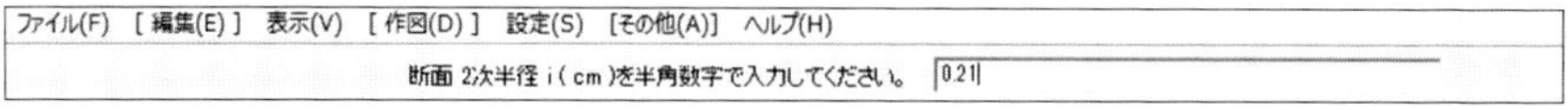

図30

(10) 「両端拘束＝0.5｜回転－拘束＝0.7｜両端回転＝1｜自由－拘束＝2」と表示されます。入力欄に0.7を半角数字で入力し、キーボードの【Enter】を押し

ます（※上端はナット締めなので回転とし、下端は連続材なので拘束とします）。

| ファイル(F) | [編集(E)] | 表示(V) | [作図(D)] | 設定(S) | [その他(A)] | ヘルプ(H) |

両端拘束=0.5｜回転-拘束=0.7｜両端回転=1｜自由-拘束=2　0.7

図31

(11)「書き出し点をクリックしてください。」と表示されます。作図画面の適当な位置をクリックします。図32は計算結果の表示です。

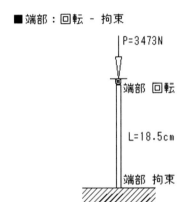

■端部：回転 － 拘束

P=3473N

端部 回転

L=18.5cm

端部 拘束

座屈計算
■入力値

荷重（P）　　　　　　＝ 3473 N
材の長さ（L）　　　　＝ 18.5 cm
断面積（A）　　　　　＝ 0.491 cm^2
断面 2次半径（i）　　＝ 0.21 cm
座屈長係数（lx）　　　＝ 0.7
圧縮応力度（Nc）　　　＝ P / A =7073.32 N/cm^2

■材質（鉄材）　　　　＝ SS400

ヤング係数（E）　　　＝ 20500000 N/cm^2
許容応力度（F）　　　＝ 23500 N/cm^2

■細長比を求めます

細長比（λ）　　＝（L × lx）/ i = 61.667

限界細長比（Λ）= pai × √(E / 0.6 F) = 119.78908

■許容圧縮応力度-長期（fc）を求めます

（λ/Λ)^2 =（61.667 / 119.78908)^2 = 0.26502
μ = 1.5 +（2（λ/Λ)^2 / 3）= 1.677

λ <= Λ → 61.667 < 119.78908
fc =（1 - 0.4（λ/Λ)^2）F / μ = 12527.616 N/cm^2（長期）
fc × 1.5　　　　　　　　　　 = 18791.424 N/cm^2（短期）

■判定

```
Nc < fc (長期)  → 7073.32 < 12527.616 ∴ OK
Nc < fc (短期)  → 7073.32 < 18791.424 ∴ OK

Nc/fc (長期)   →0.565 → 許容値100%に対し56.5 %
Nc/fc (短期)   →0.376 → 許容値100%に対し37.6 %
………………………………………………………………
鋼構造設計規準-2005年版 5.1-許容圧縮応力度による
ACT&WORKS. https://www.actworks.biz/
作図画面の scale = 1 /20
文字巾 × 高さ =4×4
```

図32

計算結果は次のようになります。

$Nc < fc$（短期）→ 7,073.32 < 18,791.424 ∴ OK

Nc / fc（短期）→ 0.376 → 許容値100%に対し37.6%

許容値100%に対し座屈応力度が37.6%なので、OKと判断します。

よって、すべての項目に対して、OKとなりました。

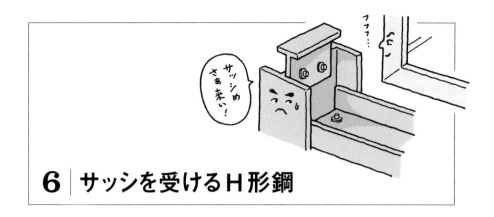

6 | サッシを受けるH形鋼

▶ 概要

　改修です。既設建物の外壁に1階から2階にわたる7,600×6,400の開口があります。上部、両袖壁のいずれも鉄筋コンクリート躯体で、自立しています。下は土間コンクリートです。ここに新設サッシを受ける支柱と梁を取り付けます。図1はその概要図です。内部は吹抜けのため、上下のサッシは一面の壁となります。受け材は、サッシの自重と壁面に働く荷重を負担します。サッシおよびガラス自身の強度はそれぞれのメーカーに任せることにし、2次部材の計算に含みません。この受け材の仮断面を決めます。仮断面は、後に構造計算をする情報となります。ここで

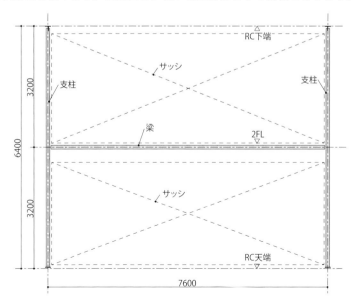

図1

は断面性能を見ながら、採用できる鋼材サイズを選びます。

　計算を考えるとき、はじめに材の両端仕口を想定します。材の長さから考えて、支柱、梁ともにH形鋼とします。支柱を取り付ける相手は既設コンクリート躯体ですから、上下端を後施工アンカーで固定することにします。梁はサッシに吹き付ける風を負担します。風の水平力に耐えられるように強軸方向に梁を置き横使いとします。ここまでの想定に従い、支柱と梁の仕口を図2のように考えます。支柱足元はベースプレートを後施工のボルトでアンカーします。上部は支柱を立て込む空間を確保するために、ベース金物を先付けしガセットプレートにウエブをボルト留めします。梁の両端仕口は、ウエブをボルト留めとします。このような仕口とすることから、支柱と梁の両端はともにピンと考え、両者ともに単純梁とします。

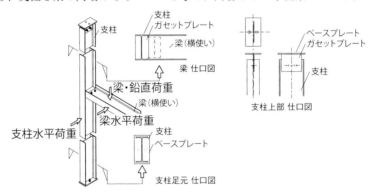

図2

▶ 設計条件

荷重

　はじめに六つの項目（固定・積載・風圧・地震・積雪・人が押す）から外壁に働く荷重を選びます。そして、それを水平荷重と鉛直荷重に分類します。その作業を図3にまとめました。その下に列挙した荷重が、図3の①〜④の網掛けの壁面積にそれぞれ働きます。外壁に働く水平荷重は、地震力734.38N/m^2と風圧力1,350N/m^2です。この二つのうち大きいほうの風圧力を採用します。同じく鉛直荷重は、固定荷重と地震力です。ここでは固定荷重の値を示していませんが、二つのうち大きいほうの地震力を採用し、これを734.38N/m^2とします。また、支柱に働く鉛直荷重は、材軸を圧縮する集中荷重（単位N）となります。

　風圧力：1,350N/m^2（単位壁面積当たり）
　地震力：2,350N/m（単位梁長さ当たり）

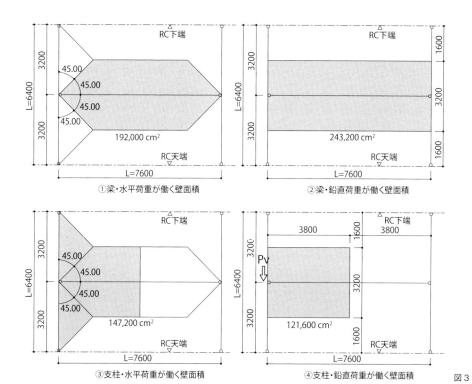

図3

$$\frac{2{,}350\text{N/m}}{3.2\text{m}} = 734.38\text{N/m}^2 \quad (単位壁面積当たり)$$

負担幅：3,200mm（図3-②）

①梁に働く水平力（風圧力）

$Wbh = 1{,}350\text{N/m}^2$

$$負担幅：\frac{①面積}{梁長さ} = \frac{192{,}000\text{cm}^2}{760\text{cm}} = 252.63\text{cm}$$

$$= 2{,}526.3\text{mm}$$

②梁に働く鉛直荷重（地震力）

$Wbv = 734.38\text{N/m}^2$

③支柱に働く水平力（風圧力）

$Wph = 1{,}350\text{N/m}^2$

$$負担幅：\frac{③面積}{支柱長さ} = \frac{147{,}200\text{cm}^2}{640\text{cm}} = 230\text{cm}$$

$$= 2{,}300\text{mm}$$

④支柱に働く鉛直荷重(地震力)

$$Pv = 地震力 \times \frac{梁長さ}{2}$$

$$= 2,350\text{N/m} \times \frac{7.6\text{m}}{2} = 8,930\text{N}$$

材質　SS400(構造用鋼材)

ヤング係数	$E = 20,500,000\text{N/cm}^2$
許容曲げ応力度	$fb = 15,600\text{N/cm}^2$ (長期)
許容曲げ応力度	$fb = 23,500\text{N/cm}^2$ (短期)
許容引張応力度	$ft = 15,600\text{N/cm}^2$ (長期)
許容引張応力度	$ft = 23,500\text{N/cm}^2$ (短期)
許容せん断応力度	$fs = 9,000\text{N/cm}^2$ (長期)
許容せん断応力度	$fs = \dfrac{fb}{\sqrt{3}} = 13,500\text{N/cm}^2$ (短期)(※計算値の端数を丸めています)

$$fs = \frac{fb}{\sqrt{3}} \text{(共通)}$$

　以上の荷重状況から、支柱と梁には風圧力($Wph \cdot Wbh$)と地震力($Pv \cdot Wpv$)が働くとわかりました。支柱には、Wphによる曲げとPvによる座屈が起こります。梁には、WbhとWpvにより水平と鉛直の両方向に曲げが起こります。ここまでの考察から必要断面性能を求め、仮断面を決めます。

▶ 必要断面性能を求めます

支柱の必要断面性能を水平荷重(Wph)にて求めます

(1) Jw_cadの図面ファイル26_001.jwwを開きます(図4)。この図面は1/40で作図しています。Jw_cadの画面右下のS = 1/40は現在スケールを示しています。作図スケールと現在スケールが一致しないと適切な計算結果とならないので、確認してください。

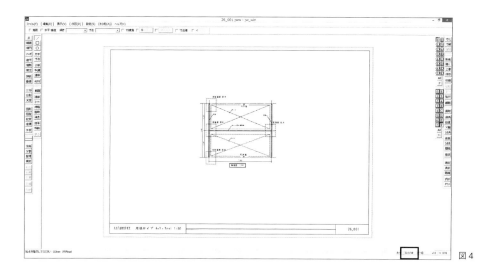

図4

(2) ［その他（A）］から外部変形（G）をクリックします。

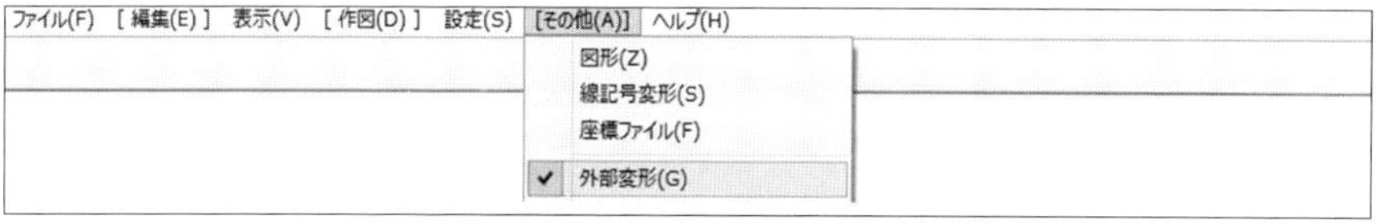

図5

(3) ファイル選択から「ACT_ST_04単純梁_等分布荷重」をクリックします。

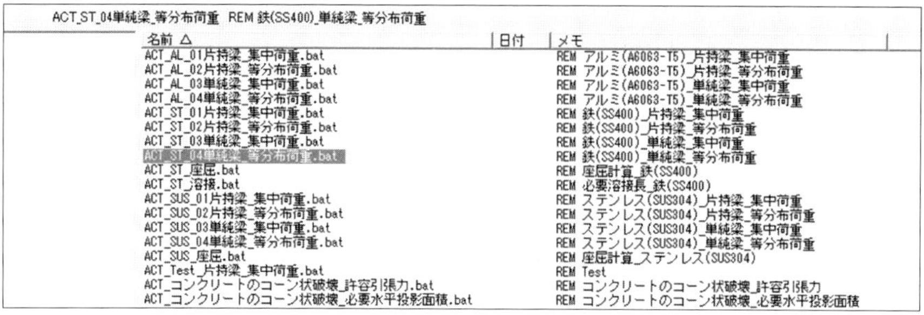

図6

(4) 「梁の 左端 or 上端 をクリックしてください。」と表示されます。

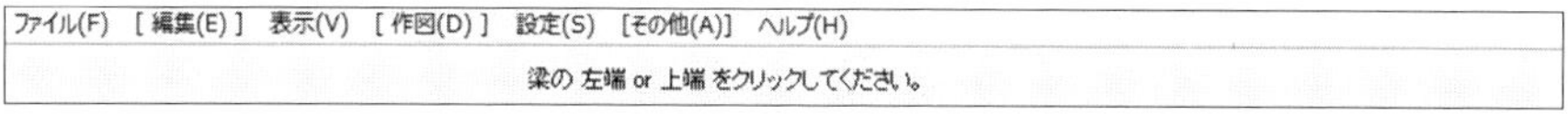

図7

(5) 支柱芯とRC下端線との交点①をクリックします（※ポイントを特定する → 右クリック）。

6 │ サッシを受けるH形鋼　129

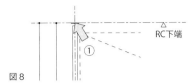

図8

(6) 「反対の端 をクリックしてください。」と表示されます。

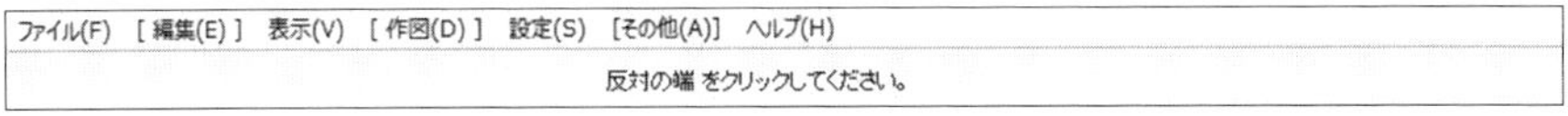

図9

(7) 反対の支柱芯とRC天端線との交点②をクリックします（※ポイントを特定する→右クリック）。

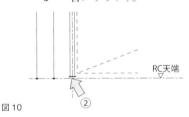

図10

(8) 「荷重Wの大きさ（N/m^2）を半角数字で入力してください。」と表示されます。
入力欄に1350（Wph）を半角数字で入力し、キーボードの【Enter】を押します。

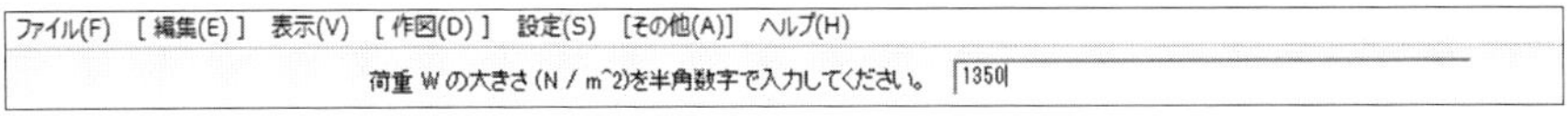

図11

(9) 「ピッチor負担巾（mm）を半角数字で入力してください。」と表示されます。
入力欄に2300（Wph）を半角数字で入力し、キーボードの【Enter】を押します。

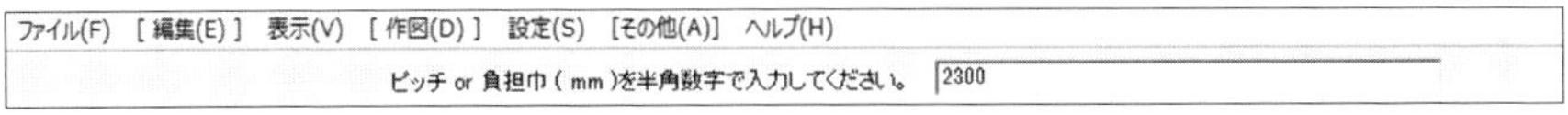

図12

(10) 「書き出し点をクリックしてください。」と表示されます。

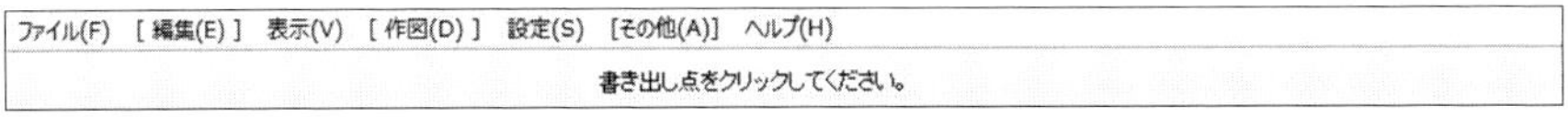

図13

作図画面の適当な位置をクリックすると、図14のように書き出します。

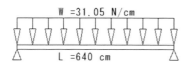

```
■ 単純梁・等分布荷重

等分布荷重         = 31.05 N/cm  （入力値 =1350N/m^2 ）
梁長さ             = 640 cm
負担巾（ピッチ）   = 230 cm

■ 材質（鉄材）      = SS400

ヤング係数（E）         = 20500000 N/cm^2
許容曲げ応力度（fb）    = 23500 N/cm^2 （短期）
許容せん断応力度（fs）  = 13500 N/cm^2 （短期）

■ 応力 他

最大曲げモーメント（M） = 1589760 Ncm
最大せん断力（Q）       = 9936 N
たわみ量（1/300）       = 2.133 cm

★ 断面2次モーメント（I） = 1550.985 cm^4 を上回る
★ 断面係数（Z）          = 67.649 cm^3 を上回る
★ 断面積（A）            = 0.736 cm^2 を上回る

上記すべての★印値を満足する断面を採用してください。
必要断面性能 ACT&WORKS. https://www.actworks.biz/
作図画面の scale = 1 /40
文字巾 × 高さ =4×4
```

図14

計算結果は次のようになります。

断面2次モーメント　　$I = 1,550.985 \text{cm}^4$ を上回る

断面係数　　　　　　$Z = 67.649 \text{cm}^3$ を上回る

断面積　　　　　　　$A = 0.736 \text{cm}^2$ を上回る

上記の計算結果が必要値になります。この条件に合うH形鋼として下記のサイズを採用します。

H-250×125×6×9

- 断面2次モーメント　$Ix = 3,960 \text{cm}^4$ 　　$Iy = 294 \text{cm}^4$
- 断面係数　　　　　$Zx = 317 \text{cm}^3$ 　　$Zy = 47 \text{cm}^3$
- 断面積　　　　　　$A = 36.97 \text{cm}^2$

このほかに、H-200 × 100 × 5.5 × 8 も必要値を上回ります。下記はその断面性能です。

・断面2次モーメント $Ix = 1,810 \text{cm}^4$　　　$Iy = 134 \text{cm}^4$
・断面係数　　　　　$Zx = 181 \text{cm}^3$　　　$Zy = 26.7 \text{cm}^3$
・断面積　　　　　　$A = 26.67 \text{cm}^2$

経験上たわみでNGになることが多いので、断面2次モーメントについてH-200 × 100 と必要値を比較します。すると $\dfrac{\text{H-200} \times 100 (Ix)}{\text{必要値}(Ix)} = \dfrac{1,810}{1,550.985} = 1.17$ となります。

この値から、必要値に対してH-200 × 100のIxが17%上回るとわかります。これでOKのように思えますが、この支柱には、このほかに、鉛直荷重による座屈が働き、許容応力度が低減されます。そこで、余裕をもたせるために、さらに大きい断面のH-250 × 125 × 6 × 9を仮定断面とすることにします。

次に、支柱の座屈を計算するのですが、ここでは一旦支柱から離れて、断面性能の使い方がよくわかる梁の曲げ計算を先に行います。この梁は、断面性能を使って特殊な方策をすることになりました。支柱の計算にはその後戻ります。

梁の必要断面性能を水平荷重（Wbh）にて求めます

(1)、**(2)**、**(3)** まで前項と同じ手順で進めます。
(4)「梁の 左端 or 上端 をクリックしてください。」と表示されます。
(5)「反対の端 をクリックしてください。」と表示されます。
(6) (4)、(5) のメッセージに従って、支柱芯と梁芯の左右の交点を右クリックします。

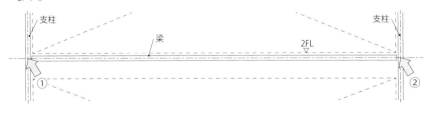

図15

(7)「荷重Wの大きさ（N/m^2）を半角数字で入力してください。」と表示されます。
　　入力欄に1350（Wbh）を半角数字で入力し、キーボードの【Enter】を押します。

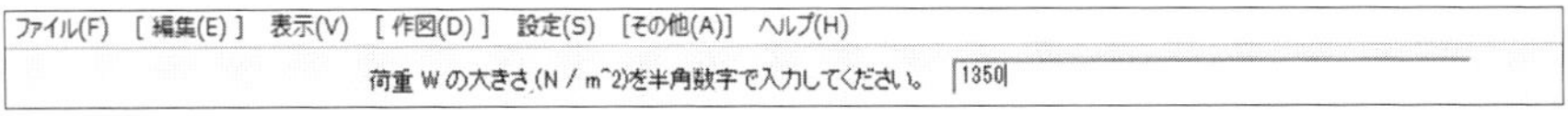

図16

(8)「ピッチor負担巾（mm）を半角数字で入力してください。」と表示されます。入力欄に2526（Wbh）を半角数字で入力し、キーボードの【Enter】を押します（※cmをmmに換算して、小数点以下を四捨五入します）。

```
ファイル(F)  [ 編集(E) ]  表示(V)  [ 作図(D) ]  設定(S)  [ その他(A) ]  ヘルプ(H)
                   ピッチ or 負担巾 ( mm )を半角数字で入力してください。  2526
```
図17

(9)「書き出し点をクリックしてください。」と表示されます。

```
ファイル(F)  [ 編集(E) ]  表示(V)  [ 作図(D) ]  設定(S)  [ その他(A) ]  ヘルプ(H)
                   書き出し点をクリックしてください。
```
図18

作図画面の適当な位置を左クリックします。図19は計算結果の表示です。

```
               W =34.101 N/cm
         ▽▽▽▽▽▽▽▽▽▽▽▽▽
        △                      △
              L =760 cm

········································································
■単純梁・等分布荷重

等分布荷重        = 34.101 N/cm （入力値 =1350N/m^2 ）
梁長さ            = 760 cm
負担巾（ピッチ）  = 252.6 cm

■材質（鉄材）    = SS400

ヤング係数（E）            = 20500000 N/cm^2
許容曲げ応力度（fb）       = 23500 N/cm^2 （短期）
許容せん断応力度（fs）     = 13500 N/cm^2 （短期）

■応力 他

最大曲げモーメント（M）   = 2462092.2 Ncm
最大せん断力（Q）          = 12958.38 N
たわみ量（1/300）          = 2.533 cm

★ 断面2次モーメント（I）  = 2852.424 cm^4 を上回る
★ 断面係数（Z）           = 104.77 cm^3 を上回る
★ 断面積（A）             = 0.96 cm^2 を上回る
········································································
上記すべての★印値を満足する断面を採用してください。
必要断面性能 ACT&WORKS. https://www.actworks.biz/
作図画面の scale = 1 /40
文字巾 × 高さ =4×4
```
図19

計算結果は次のようになります（図20のようにx軸回りです）。

断面2次モーメント　　$Ix = 2,852.424 \text{cm}^4$ を上回る

断面係数　　　　　　$Zx = 104.77 \text{cm}^3$ を上回る

断面積　　　　　　　$A = 0.96 \text{cm}^2$ を上回る

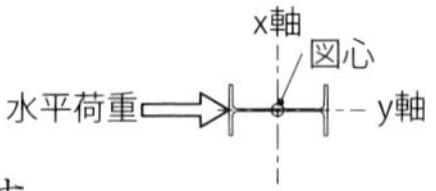

図20は、この計算で用いたH形鋼の軸と荷重方向の関係です。

図20

同じ梁について鉛直荷重（Wbv）にて求めます

(1)、(2)、(3)、(4) まで前項と同じ手順で進めます。

(5)「荷重Wの大きさ（N/m^2）を半角数字で入力してください。」と表示されます。入力欄に734.38（Wbv）を半角数字で入力し、キーボードの【Enter】を押します。

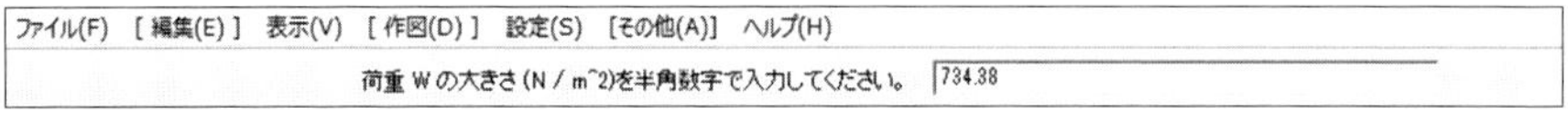

図21

(6)「ピッチor負担巾（mm）を半角数字で入力してください。」と表示されます。入力欄に3200を半角数字で入力し、キーボードの【Enter】を押します。

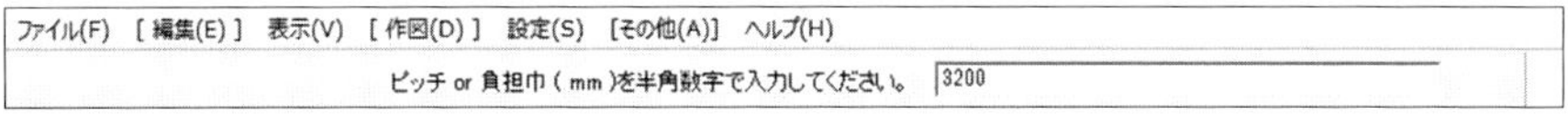

図22

(7)「書き出し点をクリックしてください。」と表示されます。

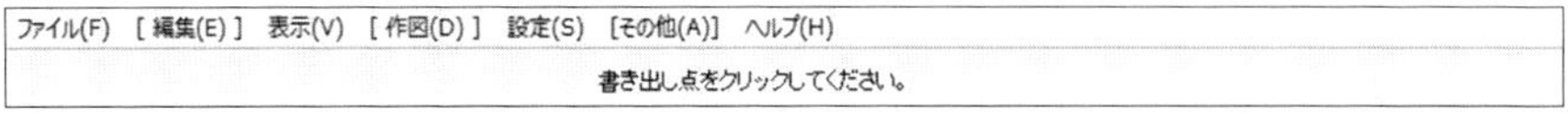

図23

作図画面の適当な位置を左クリックすると、その点を左肩にして図24のように書き出します。

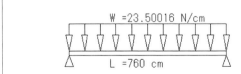

```
W =23.50016 N/cm
L =760 cm
```

■単純梁・等分布荷重

等分布荷重　　　　= 23.50016 N/cm （入力値 =734.38N/m^2）
梁長さ　　　　　　= 760 cm
負担巾（ピッチ）　= 320 cm

```
■材質（鉄材）          = SS400

ヤング係数(E)          = 20500000 N/cm^2
許容曲げ応力度(fb)     = 23500 N/cm^2（短期）
許容せん断応力度(fs)   = 13500 N/cm^2（短期）

■応力 他

最大曲げモーメント(M)  = 1696711.552 Ncm
最大せん断力(Q)        = 8930.061 N
たわみ量(1/300)        = 2.533 cm

★ 断面2次モーメント(I) = 1965.702 cm^4 を上回る
★ 断面係数(Z)          = 72.2 cm^3 を上回る
★ 断面積(A)            = 0.661 cm^2 を上回る
……………………………………………………………………
上記すべての★印値を満足する断面を採用してください。
必要断面性能 ACT&WORKS. https://www.actworks.biz/
作図画面の scale = 1 /40
文字巾 × 高さ =4×4
```

図24

計算結果は次のようになります（図25のようにy軸回りです）。

断面2次モーメント　　$Iy = 1,965.702 cm^4$ を上回る

断面係数　　　　　　$Zy = 72.2 cm^3$ を上回る

断面積　　　　　　　$A = 0.661 cm^2$ を上回る

図25は、この計算で用いたH形鋼の軸と荷重方向の関係です。

図25

水平荷重と鉛直荷重の計算の結果、H形鋼のx軸とy軸に対する必要断面性能がわかりました。次に、これを満足する値をもつサイズを探します。はじめに支柱と同材（H-250×125）ではどうかと比較したものが表1です。

部材と必要値 断面性能	x軸回り		y軸回り	
	H-250×125×6×9	梁の必要値	H-250×125×6×9	梁の必要値
断面2次モーメント	3,960	2,852.424	294	1,965.702
断面係数	317	104.77	47	72.2
断面積	36.97	0.96	36.97	0.661

表1

y軸回りに注目してください。断面2次モーメントが必要値に対して大きく足りません。この必要値を上回るH形鋼を手元の鋼材表から探すと、H-500×200×10×16の2,140cm⁴となります。これでは支柱に比して梁が大き過ぎます。そこで、

小さい鋼材を二つ組み合わせて断面2次モーメントを大きくする方策を考えます。

▶ 断面性能の組合せ

断面2次モーメントを求めます

断面2次モーメントは次の式1で求めます。

$I = Ia + Lp^2 \times A$ …… 式1

Ia：材の断面2次モーメント

Lp：図心距離 …… 梁の図心と材の図心が一致するとき $Lp = 0$ となります

A：材の断面積

図26のH形鋼を二つ組み合わせた梁を考え、式1を使ってその断面2次モーメントを求めます。

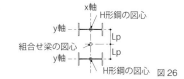

図26

式1を Lp を求める式に変形します。

$Lp = \sqrt{\dfrac{I - Ia}{A}}$ …… 式2

H-200×100×5.5×8の断面性能は、

断面2次モーメント　　$Ix = 1{,}810 \mathrm{cm}^4$　　$Iy = 134 \mathrm{cm}^4$

断面係数　　　　　　$Zx = 181 \mathrm{cm}^3$　　$Zy = 26.7 \mathrm{cm}^3$

断面積　　　　　　　$A = 26.67 \mathrm{cm}^2$

です。これを採用して、二つのH形鋼で必要値を上回るよう、式2の I を $1{,}500 \mathrm{cm}^4$ として Lp を求めます。

$Lp = \sqrt{\dfrac{I - Ia}{A}} = \sqrt{\dfrac{1{,}500 - 134}{26.67}} = 7.15 \mathrm{cm}$

$Lp = 7.15 \mathrm{cm}$ とするとy軸回りの断面2次モーメントが $3{,}000 \mathrm{cm}^4$ になることがわかりました。これを受けて、製作のしやすさを考慮し、図27の寸法で梁を組むこととします。

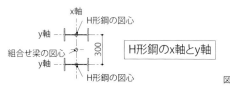

図27

図27を組合せ梁のX軸・Y軸に書き換えると図28になります。

H-200×100×5.5×8を使い、$Lp = 15 \mathrm{cm}$ の断面2次モーメント

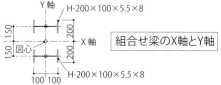

図28

を求めます。

$I = Ia + Lp^2 \times A$ ……… $Lp = 15$cm として断面性能を求めます。

$I = 134 + 15^2 \times 26.67 = 6{,}134.75 \text{cm}^4$

ここまでの計算から、組合せ梁の断面性能を求めます。

$IX = 6{,}134.75 \text{cm}^4 \times 2 \text{カ所} = 12{,}269.5 \text{cm}^4$

$IY = 1{,}810 \text{cm}^4 \times 2 \text{カ所} = 3{,}620 \text{cm}^4$

$ZX = \dfrac{12{,}269.5 \text{cm}^4}{20 \text{cm}} = 613.47 \text{cm}^3$

$ZY = \dfrac{3{,}620 \text{cm}^4}{10 \text{cm}} = 362 \text{cm}^3$

$A = 26.67 \text{cm}^2 \times 2 \text{カ所} = 53.34 \text{cm}^2$

組合せ梁の断面性能は、

断面2次モーメント　　$IX = 12{,}269.5 \text{cm}^4$　　$IY = 3{,}620 \text{cm}^4$

断面係数　　　　　　$ZX = 613.47 \text{cm}^3$　　$ZY = 362 \text{cm}^3$

断面積　　　　　　　$A = 53.34 \text{cm}^2$

となります。

組合せ梁の断面性能と必要値との比較が表2です。表1とはX軸・Y軸が逆になっていることに注意してください。

断面性能 \ 部材と必要値	X軸回り		Y軸回り	
	組合せ梁の計算値	梁の必要値	組合せ梁の計算値	梁の必要値
断面2次モーメント	12,269.5	1,965.702	3,620	2,852.424
断面係数	613.47	72.2	362	104.77
断面積	53.34	0.661	53.34	0.96

表2

表2のようにすべての値が必要値を上回っているので、OKとなりました。よって、支柱と梁の仮断面を図29のようにします。

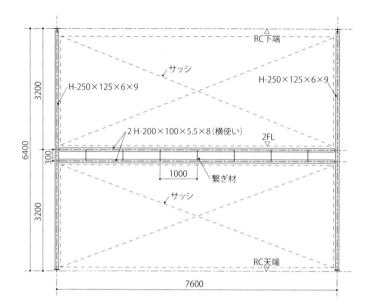

図29

　この後、梁繋ぎ材の計算を行います。その前に、支柱の1階部分の長さが決まりましたので、その座屈の計算をします。

▶ 支柱の座屈計算

　支柱には、梁が負担する鉛直荷重（図3④図のPv）の半分が働きます。この力は、材軸を圧縮し支柱の1階部分を座屈させます。座屈は、材が折れ曲がる危険な現象なので、仮断面を決めるにあたり、これも確認しておきます。

座屈の計算について

　座屈の計算は、部材の断面2次半径（i）・長さ（L）・材の支持状況（Lx）の三つを指標にして下式により細長比（λ）を求めることから始まります。

　細長比 $\lambda = \dfrac{L \times Lx}{i}$

　細長比と長期許容圧縮応力度の対応表から値を求めます。この値が圧縮応力度（荷重/断面積）を上回ればOKと判断できます。Lxは材端の拘束状況により図30のように定められ

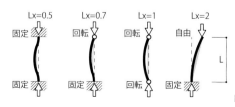

図30

ています。

　『鋼構造設計規準』（日本建築学会、2005年）の11章によれば、柱材の細長比は$1<\lambda<200$、柱以外は$1<\lambda<250$の範囲内としています。この範囲に収まらないときには、断面などの条件を変えることになります。また、同書5章「許容応力度」には、表に代わる計算式が示されています。本書では、この計算式を採用しています。是非、同書を手元に置いて内容を確認してご利用ください。

鉛直荷重（Pv）で圧縮応力を求めます

　ここで計算するH形鋼の断面性能を確認します。

H-250×125×6×9

- 断面2次モーメント　$Ix = 3,960\,\mathrm{cm}^4$　　$Iy = 294\,\mathrm{cm}^4$
- 断面係数　　　　　$Zx = 317\,\mathrm{cm}^3$　　$Zy = 47\,\mathrm{cm}^3$
- 断面2次半径　　　$ix = 10.4\,\mathrm{cm}$　　$iy = 2.82\,\mathrm{cm}$
- 断面積　　　　　　$A = 36.97\,\mathrm{cm}^2$

座屈は断面の弱い方向に曲がるので、ここではy軸の値を採用します。

(1) Jw_cadの図面ファイル26_002.jwwを開きます（図31）。この図面は1/40で作図しています。Jw_cadの画面右下のS = 1/40は現在スケールを示しています。作図スケールと現在スケールが一致しないと適切な計算結果となりませんので、確認してください。

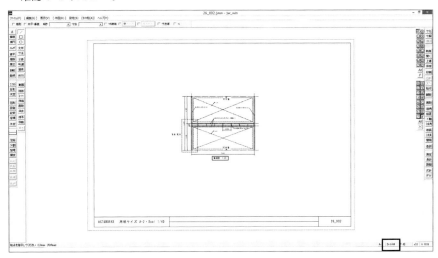

図31

6｜サッシを受けるH形鋼

(2) ［その他（A）］から外部変形（G）をクリックします。

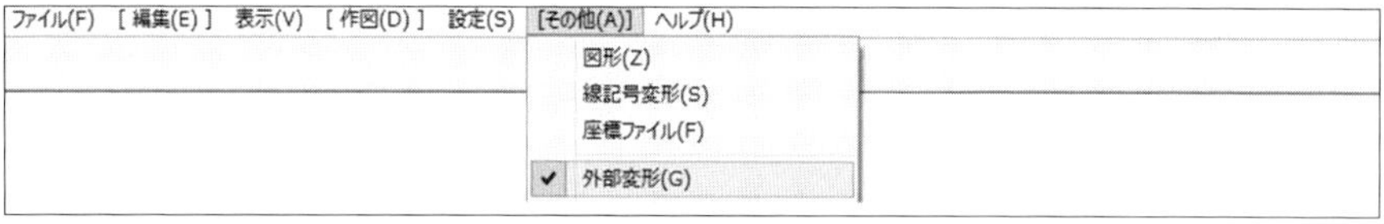

図32

(3) ファイル選択から「ACT_ST_座屈」をクリックします。

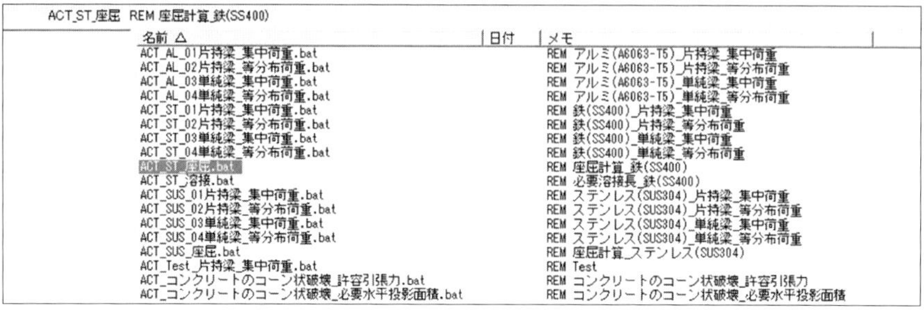

図33

(4)「梁の 左端 or 上端 をクリックしてください。」と表示されます。メッセージに従い、支柱芯と梁芯の交点①をクリックします。

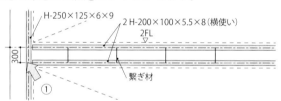

図34

(5)「反対の端 をクリックしてください。」と表示されます。メッセージに従い、支柱芯とRC天端線の交点②をクリックします。

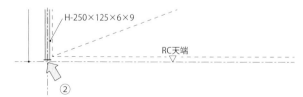

図35

(6) 入力欄に8930（Pv）を半角数字で入力し、キーボードの【Enter】を押します。

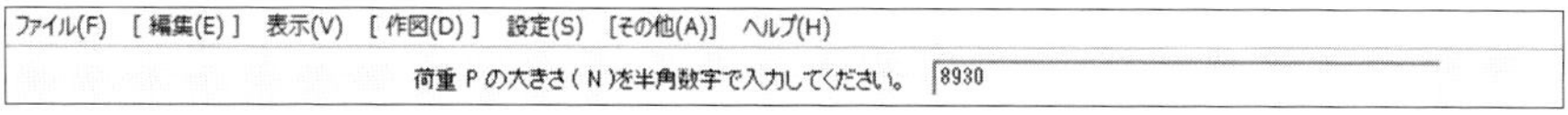

図36

(7) 入力欄に 36.97（A）を半角数字で入力し、キーボードの【Enter】を押します。

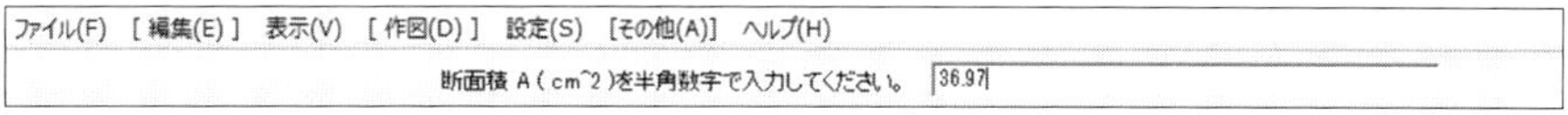

図37

(8) 入力欄に 2.82（i）を半角数字で入力し、キーボードの【Enter】を押します。

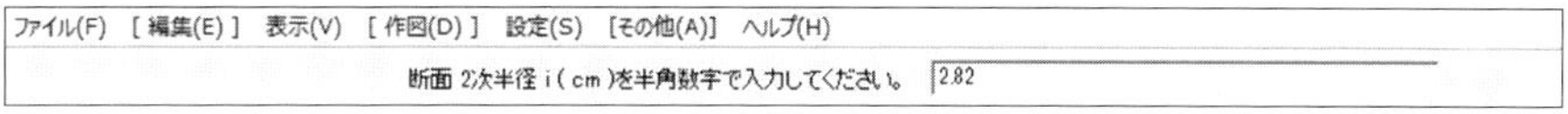

図38

(9) 支柱全体は両端ピン（回転）です。このため中間部は固定されず曲がり動きます。そこでたわみが大きくなる条件を選んで、支柱中間部は固定されないピンと考え、図30から両端回転＝1を選びます。入力欄に 1（両端回転）を半角数字で入力し、キーボードの【Enter】を押します。

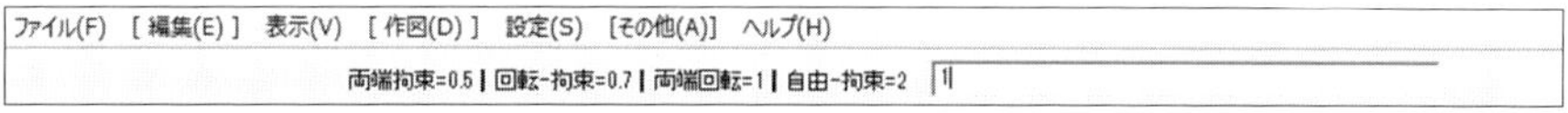

図39

(10)「書き出し点をクリックしてください。」と示されます。

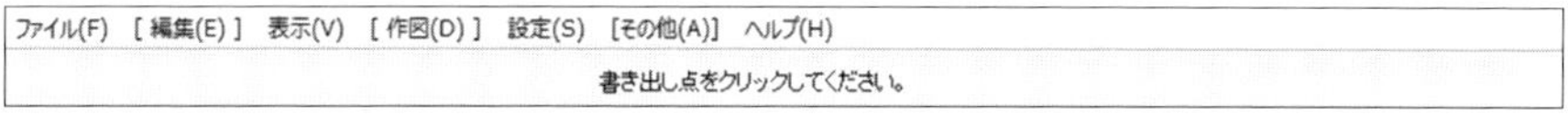

図40

作図画面の適当な位置を左クリックします。図41は計算結果の表示です。

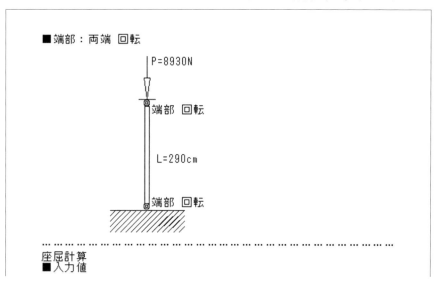

```
荷重（P）           = 8930 N
材の長さ（L）       = 290 cm
断面積（A）         = 36.97 cm^2
断面2次半径（i）    = 2.82 cm
座屈長係数（lx）    = 1
圧縮応力度（Nc）   = P / A =241.547 N/cm^2

■材質（鉄材）      = SS400

ヤング係数（E）    = 20500000 N/cm^2
許容応力度（F）    = 23500 N/cm^2

■細長比を求めます

細長比（λ）        = ( L × lx ) / i = 102.837
限界細長比（Λ）   = pai × √(E / 0.6 F ) = 119.78908

■許容圧縮応力度-長期（fc）を求めます

(λ/Λ)^2 = (102.837 / 119.78908)^2 = 0.73699
μ = 1.5 + ( 2 (λ/Λ)^2 / 3 ) = 1.991

λ <= Λ  →  102.837 < 119.78908
fc = ( 1 - 0.4 (λ/Λ)^2 ) F / μ = 8323.603 N/cm^2（長期）
fc × 1.5                        = 12485.404 N/cm^2（短期）

■判定

Nc < fc（長期）  →  241.547 < 8323.603  ∴ OK
Nc < fc（短期）  →  241.547 < 12485.404 ∴ OK

Nc/fc（長期）  →0.029 →  許容値100％に対し2.9 ％
Nc/fc（短期）  →0.019 →  許容値100％に対し1.9 ％
…………………………………………………………
鋼構造設計規準-2005年版 5.1-許容圧縮応力度による
ACT&WORKS. https://www.actworks.biz/
作図画面の scale = 1 /40
文字巾 × 高さ =4×4
```

図41

　図41の判定の欄を見てください。短期では、許容値100％に対し座屈応力度が1.9％です。ここで、曲げと座屈は同時に働くので二つを加えて判定をします。支柱の曲げ計算（図14）では、必要な断面係数は67.649cm³でした。これに対し、H-250×125×6×9のZ_xは、317cm³です。これを判定すると、

$$\frac{67.649}{317} = 0.21$$

となり、許容値100％に対して21％です。これに座屈判定の1.9％を加えると22.9％となります。この結果曲げの影響を加えてもOKになると判断し、H-250×125×6×9を支柱の仮断面とします。計算結果から推察すると、H-200×100を採用してもOKになると思われますが、梁材との仕口などのバランスを考慮して、ここではこの断面として進めます。

支柱の長期許容圧縮応力度を求めます

計算値と同じ数値を使って、許容圧縮応力度表から求めます。この表は『鋼構造設計規準』(日本建築学会)にも付録されています。二つの方法にはどれほどの値の違いがあるでしょうか。

材の長さ	$L = 290$cm	
座屈長さの係数	$Lx = 1$	(両端回転)
断面2次半径	$i = 2.82$cm	
細長比	$\lambda = \dfrac{290 \times 1}{2.82} = 102.84$	

λについて鋼構造設計規準によれば、柱材では$1 < \lambda < 200$とされています。上記の計算値はその範囲内なので有効とします。鋼材SS400に適合する表から長期許容圧縮応力度を求めます。細長比は102と103の間です。表3は当該部を抜き出したものです。それぞれに対応する値は次のようになります。

$102 \rightarrow 84.1\text{N/mm}^2 = 8,410\text{N/cm}^2$

$103 \rightarrow 83\text{N/mm}^2 = 8,300\text{N/cm}^2$

λ	fc
101	85.1
102	84.1
103	83
104	81.9
105	80.8

(『鋼構造設計規準』巻末付録より) 表3

これに対し、計算値(図41)は8,323.603N/cm²でした。表と計算値は、ほぼ同じ値となりました。

▶ 梁繋ぎ材の座屈を計算

梁はH形鋼を上下2段に組み合わせて一体とします。その繋ぎ材はスチールプレートを@1,000で工場溶接します。図42がその姿です。H形鋼の弱い方向に働く鉛直荷重で壊れないかを確かめます。鉛直荷重(図42のPb)は、繋ぎ材を上から押し座屈させます。Pbは下式で求めます。

$Pb = Pbv \times 1\text{m} = 2,350\text{N}$

この力に座屈しなければ梁の一体となった状態は保たれます。そこで繋ぎ材が座屈しないかを確認します。

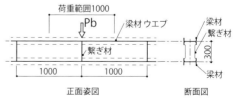

図42

繋ぎ材の断面性能 (SS400)

繋ぎ材は$15\text{cm}(h) \times 0.6\text{cm}(b)$のスチールプレートとします(図43)。

断面2次モーメント　　$Ix = \dfrac{b \times h^3}{12}$

　　　　　　　　　　　$= 168.75 \text{cm}^4$

　　　　　　　　　　　$Iy = 0.27 \text{cm}^4$

　　　　　　　　　……IxとIyはhとbが逆になります

断面積　　　　　　　$A = 9\text{cm}^2$

断面2次半径　　　　$i = \sqrt{\dfrac{I}{A}} = \sqrt{\dfrac{0.27}{9}} = 0.173\text{cm}$ ……弱い方向（Iy）を採用します

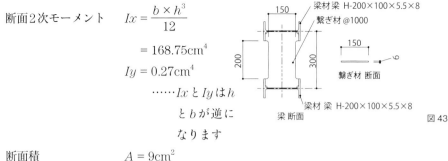

図43

ここまでの条件から繋ぎ材の座屈を計算します

(1) Jw_cadの図面ファイル26_003.jwwを開きます（図44）。この図面は1/5で作図しています。Jw_cadの画面右下のS = 1/5は現在スケールを示しています。作図スケールと現在スケールが一致しないと適切な計算結果とならないので、確認してください。

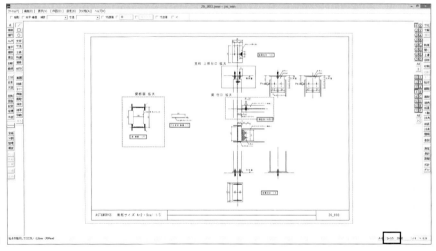

図44

(2) ［その他（A）］から外部変形（G）をクリックします。
(3) ファイル選択から「ACT_ST_座屈」をクリックします。
(4) 「梁の 左端 or 上端 をクリックしてください。」と表示されます。

(5)「反対の端をクリックしてください。」と表示されます。

(6)（4）、（5）に従い、図45のH形鋼フランジの出隅点①をクリックします。

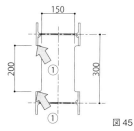

図45

(7) 入力欄に2350（Pb）を半角数字で入力し、キーボードの【Enter】を押します。

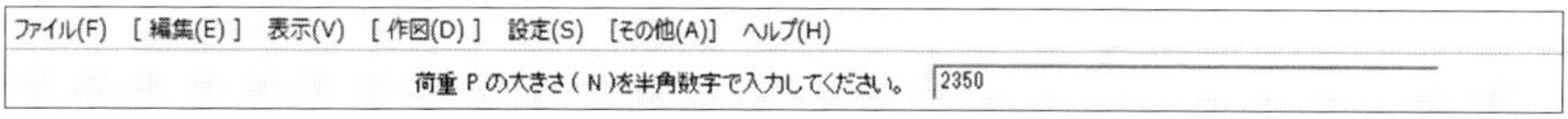

図46

(8) 入力欄に9（A）を半角数字で入力し、キーボードの【Enter】を押します。

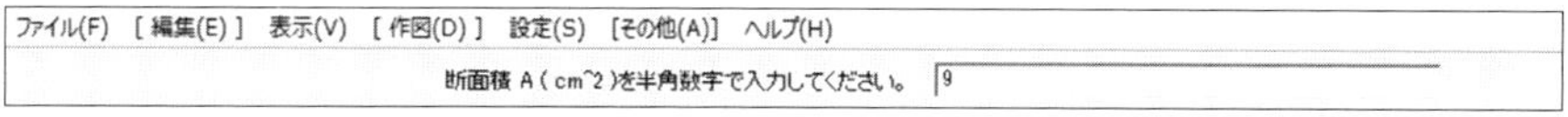

図47

(9) 入力欄に0.173（i）を半角数字で入力し、キーボードの【Enter】を押します。

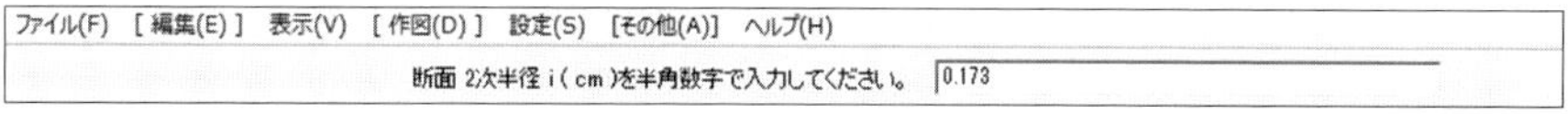

図48

(10) 入力欄に0.5（両端拘束）を半角数字で入力し、キーボードの【Enter】を押します（※繋ぎ材は、H形鋼のウエブとフランジに工場溶接で固定します。よって、図30から両端拘束＝0.5を選びます）。

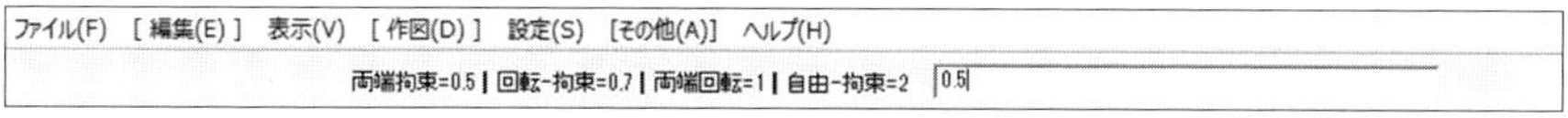

図49

(11)「書き出し点をクリックしてください。」と表示されます。

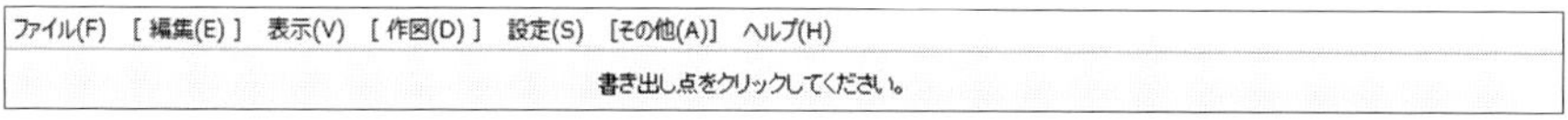

図50

作図画面の適当な位置を左クリックします。図51は計算結果の表示です。

■端部：両端 拘束

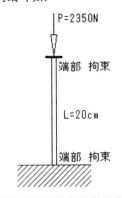

```
座屈計算
■入力値

荷重（P）        = 2350 N
材の長さ（L）    = 20 cm
断面積（A）      = 9 cm^2
断面2次半径（i） = 0.173 cm
座屈長係数（lx） = 0.5
圧縮応力度（Nc） = P / A = 261.111 N/cm^2

■材質（鉄材）    = SS400

ヤング係数（E）  = 20500000 N/cm^2
許容応力度（F）  = 23500 N/cm^2

■細長比を求めます

細長比（λ）     = ( L × lx ) / i = 57.803

限界細長比（Λ） = pai × √( E / 0.6 F ) = 119.78908

■許容圧縮応力度-長期（fc）を求めます

(λ/Λ)^2 = (57.803 / 119.78908)^2 = 0.23284
μ = 1.5 + ( 2 (λ/Λ)^2 / 3 ) = 1.655

λ <= Λ → 57.803 < 119.78908
fc = ( 1 - 0.4 (λ/Λ)^2 ) F / μ = 12876.921 N/cm^2 （長期）
fc × 1.5                      = 19315.382 N/cm^2 （短期）

■判定

Nc < fc （長期） → 261.111 < 12876.921 ∴ OK
Nc < fc （短期） → 261.111 < 19315.382 ∴ OK

Nc/fc （長期） →0.02  → 許容値100％に対し2 ％
Nc/fc （短期） →0.014 → 許容値100％に対し1.4 ％

鋼構造設計規準-2005年版 5.1-許容圧縮応力度による
ACT&WORKS. https://www.actworks.biz/
作図画面の scale = 1 /5
文字巾 × 高さ =4×4
```

図 51

図51の判定の欄を見てください。短期では許容値100％に対し座屈応力度が1.4％です。この値は非常に小さいので、OKと判断します。

繋ぎ材の長期許容圧縮応力度を求めます

材の長さ　　　　　　$L = 20$ cm
座屈長さの係数　　　$Lx = 0.5$（両端拘束）
断面2次半径　　　　$i = 0.173$ cm

$$\lambda = \frac{20 \times 0.5}{0.173} = 57.8 \quad \cdots\cdots \quad 1 < \lambda < 250\text{の範囲内で有効とします}$$

鋼材SS400に適合する表から長期許容圧縮応力度を求めます。細長比は57と58の間です。表4は当該部を抜き出したものです。それぞれの値は次のようになります。

$57 \rightarrow 129\text{N/mm}^2 = 12{,}900\text{N/cm}^2$
$58 \rightarrow 128\text{N/mm}^2 = 12{,}800\text{N/cm}^2$

これに対し、計算値（図51）は12,876.921N/cm²でした。表と計算値は、ほぼ同じ値となりました。

λ	fc
56	130
57	129
58	128
59	127
60	126

（『鋼構造設計規準』巻末付録より）　表4

▶ 構造計算をするとき留意すること

この節では、必要断面性能から仮断面を採用する方法を示しました。ここで、仮断面を使い構造計算をする際に留意すべきことがらを示します。

荷重について

本書では、短期荷重による計算をしました。正規の構造計算では、長期荷重による計算も必要となります。その方法は以下で述べます。

横座屈について

H形鋼の梁には、横座屈の懸念があります。横座屈とは、図52のようにH形鋼のフランジ形状が保てなくなり座屈する現象です。

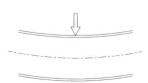

図52

『鋼構造設計規準』（日本建築学会）の「許容応力度設計法」では、二つの計算法を説明しています。一つは、「強軸まわりに曲げを受ける材（矩形中空断面を除く）

の圧縮側許容曲げ応力度」として、その計算法を示しています。これとは別に旧設計規準として示している計算法があります。旧設計規準とは、平成13年国土交通省告示第1024号「特殊な許容応力度及び特殊な材調強度を定める件」に定められているものです。識別上、旧設計規準と表現していますが現行の規定です（本書も識別のため旧設計規準と称します）。旧設計規準は、H形鋼と溝形鋼に対する規定です。詳細は同告示を確認してください。

組合せ応力について

　積載荷重と固定荷重は、鉛直方向に働き梁を曲げます。長期荷重では、材は常に曲げを受けます。この状況で風圧力（水平力）が働くと、梁にはX軸とY軸に二つの曲げが同時に働くことになります。またこの支柱には、1階部分に固定荷重（長期荷重）が常時働き座屈が起こります。ここに短期荷重の風圧力が働くと、材には座屈と曲げが同時に起こります。『鋼構造設計規準』ではこれを、組合せ応力と称しています。

　組合せ応力は、次のように安全を判定します。
材のX軸回りとY軸回りに曲げが生じるとき

$$\frac{\sigma x}{fbx} + \frac{\sigma y}{fby} < 1.0$$

　　σx：x軸回りに生じる曲げ応力度
　　fbx：x軸回りの許容曲げ応力度
　　σy：y軸回りに生じる曲げ応力度
　　fby：y軸回りの許容曲げ応力度
材に曲げと座屈が生じるとき

$$\frac{\sigma c}{fc} + \frac{\sigma b}{fb} < 1.0$$

　　σc：材に生じる座屈応力度
　　fc：材の許容圧縮応力度
　　σb：材に生じる曲げ応力度
　　fb：曲げが生じる軸回りの許容曲げ応力度

▶ 支柱上部仕口を計算

　図53は仕口の図です。支柱はH-250×125×6×9です。ウエブ厚さが6mmな

のでガセットプレートも同じ6mmとします。

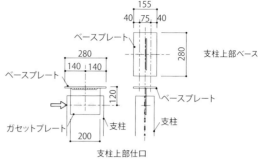

図53

ベースプレートの厚さを求めます

　ベースプレートは、アンカーボルトに働く力に耐える厚さが求められます。支柱の上下端はピンと考えています。したがってここには、モーメントは生じませんが、このベースプレートには、転倒に耐える余裕をもたせたいと判断し、次のような計算方針としました。図54は、そこに働く力を示します。

(1) 水平力Phは、金物をボルト位置で押します。

(2) これにより金物は、支点aを要（かなめ）にして転倒します。

(3) これに対し、アンカーボルトが力Rで引張り、転倒を防ぎます。

　ここで、PhとRの引張り合いは、図中MRとMPhの二つのモーメントがつり合うことで金物を固定します。このことから$MR = MPh$となります。

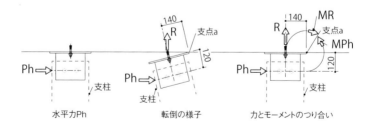

図54

Rは下の手順で求めます。

$MPh = Ph \times 12 \text{cm}$

$MR = R \times 14 \text{cm}$

$MPh = MR$

$R = Ph \times \dfrac{12}{14} \div 2 \text{カ所}$

力Rは、アンカーボルト芯でベースプレートを押します。弱い方向（外側）が変形せず形状を保てばもつと判断します。これを図55のように、長さ4cmの片持ち梁に見立てます。この梁に力Rが働きます。梁断面は幅8cm×プレート厚さです。

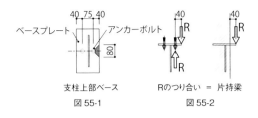

図55-1　　図55-2

ここまでの考察から、片持梁の高さ（プレート厚）を求ます。

集中荷重Rを求めます。

$Wph = 1{,}350\text{N/m}^2 \times 2.3\text{m} = 3{,}105\text{N/m}$

$Ph = 3{,}105\text{N/m} \times 3.2\text{m} = 9{,}936\text{N}$

$R = 9{,}936 \times \dfrac{12}{14} \div 2 = 4{,}258.29\text{N}$

図面から必要断面性能を求めます。

(1) Jw_cadの図面ファイル26_003.jwwを開きます。図44の図面です。

(2)［その他（A）］から外部変形（G）をクリックします。

(3) ファイル選択から「ACT_ST_01片持梁_集中荷重」をクリックします。

(4)「梁の 左端 or 上端 をクリックしてください。」と表示されます。

(5)「反対の端 をクリックしてください。」と表示されます。

(6) (4)、(5) に従い、下図のボルト芯①とプレート端②をクリックします（※ポイントを特定する → 右クリック）。

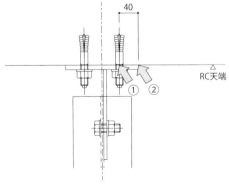

図56

(7) 入力欄に4258.29と入力し、キーボードの【Enter】を押します。

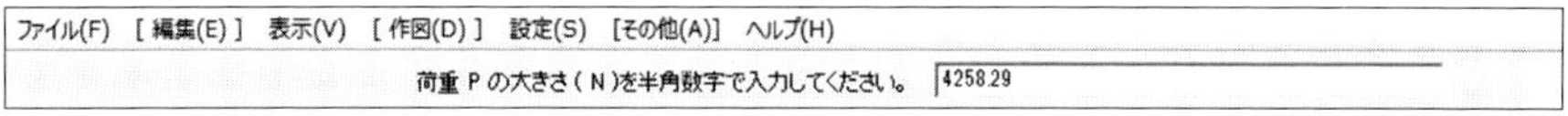

ファイル(F) [編集(E)] 表示(V) [作図(D)] 設定(S) [その他(A)] ヘルプ(H)
荷重 P の大きさ (N)を半角数字で入力してください。
4258.29
図 57

(8)「書き出し点をクリックしてください。」と表示されます。

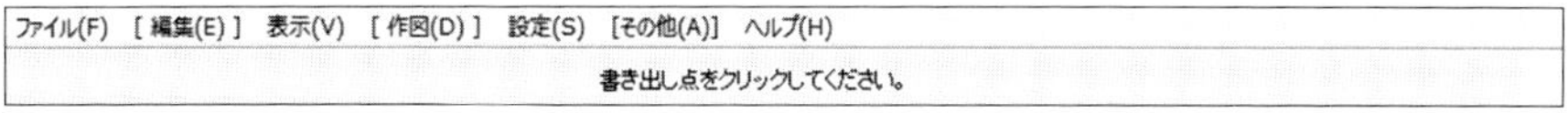

ファイル(F) [編集(E)] 表示(V) [作図(D)] 設定(S) [その他(A)] ヘルプ(H)
書き出し点をクリックしてください。
図 58

作図画面の適当な位置をクリックします（※ポイントを特定しない → 左クリック）。図59は計算結果の表示です。

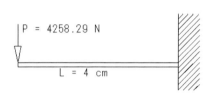

P = 4258.29 N
L = 4 cm
■片持梁・集中荷重
集中荷重 = 4258.29 N
梁長さ = 4 cm
■材質(鉄材) = SS400
ヤング係数(E) = 20500000 N/cm^2
許容曲げ応力度(fb) = 23500 N/cm^2 (短期)
許容せん断応力度(fs) = 13500 N/cm^2 (短期)
■応力 他
最大曲げモーメント(M) = 17033.16 Ncm
最大せん断力(Q) = 4258.29 N
たわみ量(1/100) = 0.04 cm
★ 断面2次モーメント(I) = 0.111 cm^4 を上回る
★ 断面係数(Z) = 0.725 cm^3 を上回る
★ 断面積(A) = 0.315 cm^2 を上回る
上記すべての★印値を満足する断面を採用してください。
必要断面性能 ACT&WORKS. https://www.actworks.biz/
作図画面の scale = 1 /5
文字巾 × 高さ =4×4
図 59

計算結果は次のようになります。

断面2次モーメント　$I = 0.111\text{cm}^4$ を上回る

断面係数　$Z = 0.725\text{cm}^3$ を上回る

断面積　　　　　　$A = 0.315\text{cm}^2$ を上回る

この条件に合う断面を求めます。

矩形断面のZは下式で求めます。

$Z = \dfrac{b \times h^2}{6}$ …… b：幅、h：高さ

上式のhが求めるプレート厚です。

$b = 8\text{cm}$ …… 図55-1

$Z = 0.725\text{cm}^3$

$h = \sqrt{\dfrac{6 \times 0.725}{8}} = 0.737\text{cm} \rightarrow 8\text{mm}$以上

この結果より、余裕をもって市場にあるプレート厚9mmを採用することにします。

G.PL-6とB.PL-9の必要溶接長さ求めます

図60のようにB.PL-9にG.PL-6を工場両面隅肉溶接します。ここに働くのは、水平力Phです。支柱の上下端は構造上ピンと考えているので、Phが直接せん断力として隅肉溶接に働きます。

荷重を求めます。

$Ph = 3{,}105\text{N/m} \times 3.2\text{m} = 9{,}936\text{N}$

図面から必要な溶接長さを求めます。

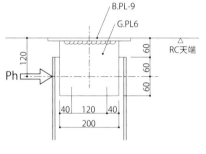

図60

(1) Jw_cad図面ファイル26_003.jwwを開きます。図44の図面です（※この計算では長さを計測するクリックは行いませんが、結果を図面上に書き出します）。

(2) ［その他（A）］から外部変形（G）をクリックします。

(3) ファイル選択から「ACT_ST_溶接」をクリックします。

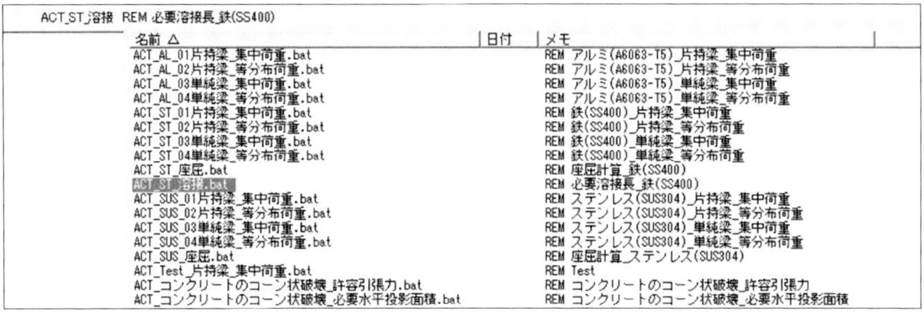

図61

(4)「荷重Pの大きさ（N）を半角数字で入力してください。」と表示されます。入力欄に9936と入力し、キーボードの【Enter】を押します。

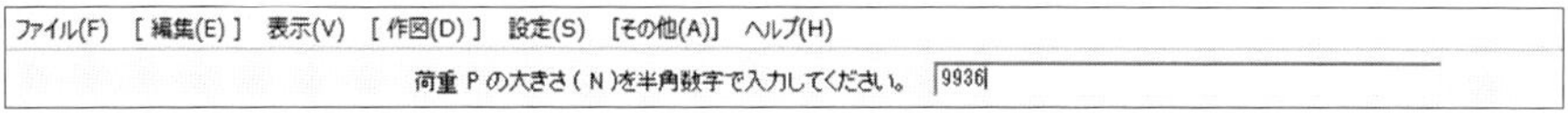
ファイル(F) [編集(E)] 表示(V) [作図(D)] 設定(S) [その他(A)] ヘルプ(H)
荷重 P の大きさ (N)を半角数字で入力してください。
9936

図62

(5)「脚長S（mm）を半角数字で入力してください。」と表示されます。入力欄に6と入力し、キーボードの【Enter】を押します（※G.PL-6なので、脚長（S）を6mmとします）。

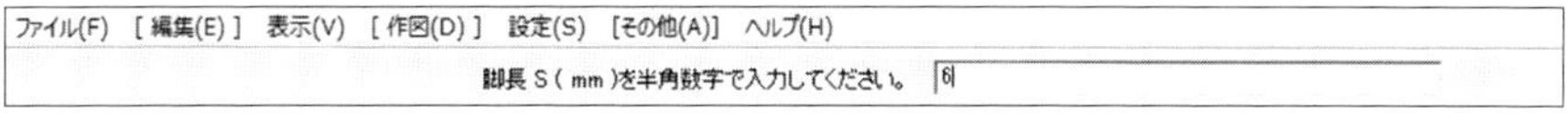
ファイル(F) [編集(E)] 表示(V) [作図(D)] 設定(S) [その他(A)] ヘルプ(H)
脚長 S (mm)を半角数字で入力してください。
6

図63

(6)「安全率（%）を半角数字で入力してください。」と表示されます。入力欄に100と入力し、キーボードの【Enter】を押します（※工場溶接なので、低減なしの安全率100%とします）。

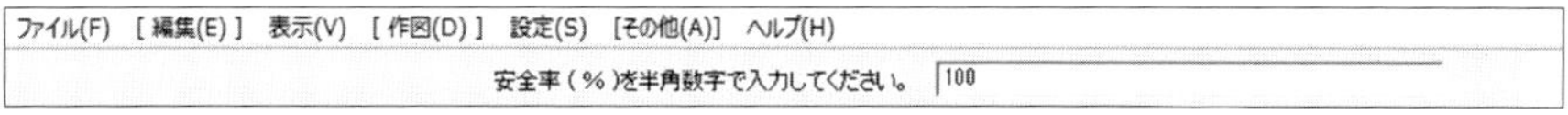
ファイル(F) [編集(E)] 表示(V) [作図(D)] 設定(S) [その他(A)] ヘルプ(H)
安全率 (%)を半角数字で入力してください。
100

図64

(7)「書き出し点をクリックしてください。」と表示されます。作図画面の適当な位置をクリックします（※ポイントを特定しない → 左クリック）。図65は計算結果の表示です。

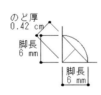

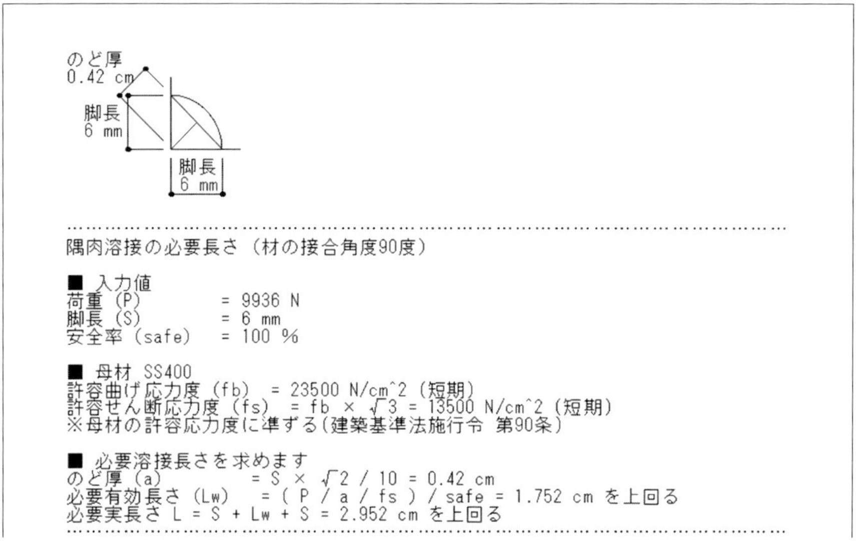
のど厚
0.42 cm
脚長
6 mm
脚長
6 mm
隅肉溶接の必要長さ（材の接合角度90度）
■ 入力値
荷重（P） = 9936 N
脚長（S） = 6 mm
安全率（safe） = 100 %
■ 母材 SS400
許容曲げ応力度（fb） = 23500 N/cm^2（短期）
許容せん断応力度（fs） = fb × √3 = 13500 N/cm^2（短期）
※母材の許容応力度に準ずる（建築基準法施行令 第90条）
■ 必要溶接長さを求めます
のど厚（a） = S × √2 / 10 = 0.42 cm
必要有効長さ（Lw） = (P / a / fs) / safe = 1.752 cm を上回る
必要実長さ L = S + Lw + S = 2.952 cm を上回る

```
※上記は、溶接長さが のど厚(a)の150倍以下の範囲内で有効です。
  また、1か所あたりの溶接長さは、脚長(S)の10倍 かつ40mm以上を原則とします。
※計算式および文言は、
  「溶接接合設計施工ガイドブック(日本建築学会)2008年」によります。
ACT&WORKS. https://www.actworks.biz/
作図画面の scale = 1 /5
文字巾×高さ = 4×4
```

図65

計算結果は次のようになります。

必要溶接長さは2.952cm(※溶接長さは、有効長さに脚長×2の値を加えます)。

ガセットプレートの寸法から、溶接は190mm×2ヵ所(裏表)の長さがとれるので、余裕をもってOKと判断できます。

▶ 梁仕口を計算

ガセットプレートの厚さを求めます

図66は梁仕口の立面(上)と伏図(下)です。梁受けのガセットプレートはH形鋼のウエブを載せるように取り付けます。これを立面で見れば、片持梁だとわかります。

ここまでの条件から、Jw_cadの外部変形を使って片持梁の必要断面性能を求めます。

集中荷重を求めます。

$$\frac{Pv}{2} = \frac{8,930\text{N}}{2} = 4,465\text{N}$$

図面から必要断面性能を求めます。

(1) Jw_cad図面ファイル26_003.jwwを開きます。図44の図面です。
(2) [その他(A)]から外部変形(G)をクリックします。
(3) ファイル選択から「ACT_ST_01片持梁+集中荷重」をクリックします。
(4) 「梁の 左端 or 上端 をクリックしてください。」と表示されます。
(5) 「反対の端 をクリックしてください。」と表示されます。

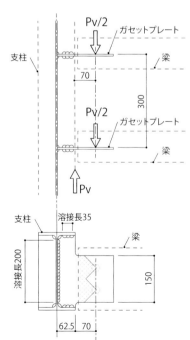

図66

(6)（4）、（5）に従い、図67の支柱端①をクリックし、ボルト芯②をクリックします（※ポイントを特定する → 右クリック）。

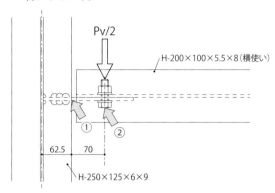

図67

(7)「荷重Pの大きさ（N）を半角数字で入力してください。」と表示されます。入力欄に4465と入力し、キーボードの【Enter】を押します。

図68

(8)「書き出し点をクリックしてください。」と表示されます。作図画面の適当な位置をクリックします（※ポイントを特定しない → 左クリック）。図69は計算結果の表示です。

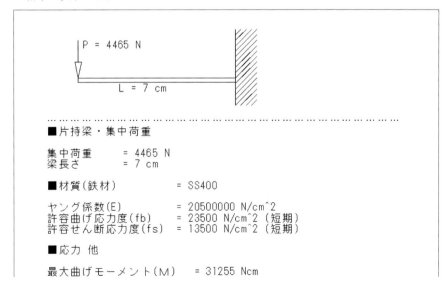

```
            最大せん断力(Q)           = 4465 N
            たわみ量(1/100)          = 0.07 cm

            ★ 断面2次モーメント(Ｉ) = 0.356 cm^4 を上回る
            ★ 断面係数(Ｚ)          = 1.33 cm^3 を上回る
            ★ 断面積(Ａ)            = 0.331 cm^2 を上回る
            ……………………………………………………………………………
            上記すべての★印値を満足する断面を採用してください。
            必要断面性能 ACT&WORKS. https://www.actworks.biz/
            作図画面の scale = 1 /5
            文字巾 × 高さ =4×4
```

図 69

計算結果は次のようになります。

断面2次モーメント　　$I = 0.356 \text{cm}^4$ を上回る

断面係数　　　　　　$Z = 1.33 \text{cm}^3$ を上回る

断面積　　　　　　　$A = 0.331 \text{cm}^2$ を上回る

この条件に合う断面を求めます。

矩形断面のZは下式で求めます。

$Z = \dfrac{b \times h^2}{6}$ ……b：幅、h：高さ

上式hが求めるプレート厚です。

$b = 15\text{cm}$ ……図66のハッチング幅

$Z = 1.33\text{cm}^3$

$h = \sqrt{\dfrac{6 \times 1.33}{15}} = 0.729\text{cm}$

この結果より、余裕をもって市場にあるプレート厚9mmを採用します。

ガセットプレートの必要溶接長さを求めます

　梁受けG.PL-6の必要溶接長さを求めます。このガセットプレートは図66のように鉛直荷重（$Pv/2$）に押されます。これを留める溶接にはせん断力が働くと考えます。この条件から、必要な溶接長さを求めます。

　荷重を求めます。

$\dfrac{Pv}{2} = \dfrac{8,930\text{N}}{2} = 4,465\text{N}$

以下前項の計算手順に倣います。

図面から必要な溶接長さを求めます。

(1) Jw_cad図面ファイル26_003.jwwを開きます。図44の図面です（※この計算

では長さを計測するクリックは行いませんが、結果を図面上に書き出します)。
(2) [その他 (A)] から外部変形 (G) をクリックします。
(3) ファイル選択から「ACT_ST_溶接」をクリックします。
(4)「荷重Pの大きさ (N) を半角数字で入力してください。」と表示されます。入力欄に4465と入力し、キーボードの【Enter】を押します。

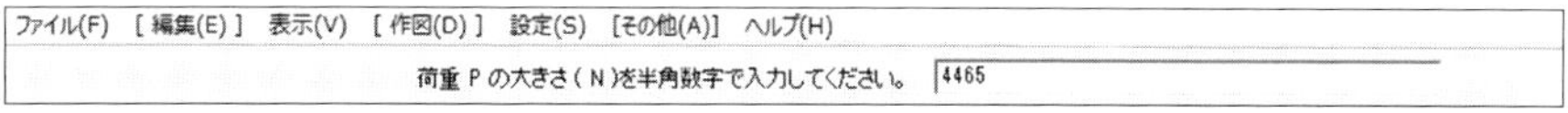

図70

(5)「脚長S (mm) を半角数字で入力してください。」と表示されます。入力欄に6と入力し、キーボードの【Enter】を押します(※G.PL-6なので、脚長 (S) を6mmとします)。

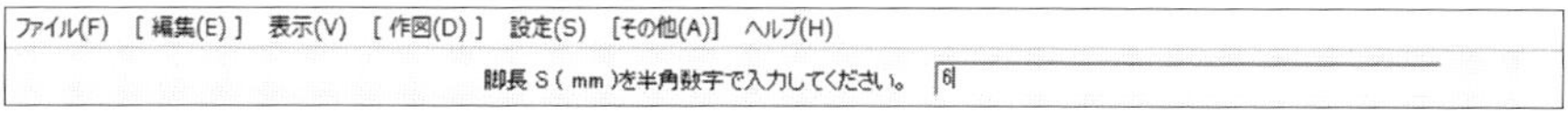

図71

(6)「安全率 (%) を半角数字で入力してください。」と表示されます。入力欄に100と入力し、キーボードの【Enter】を押します(※工場溶接なので、低減なしの安全率100%とします)。

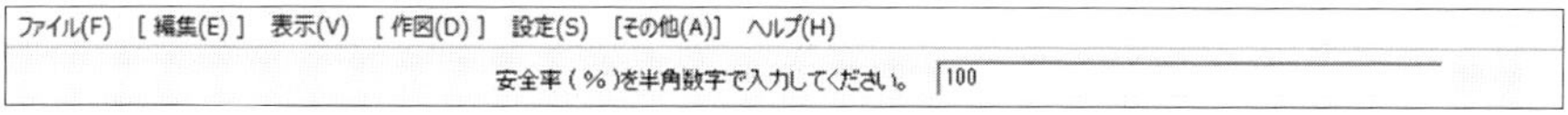

図72

図69は計算結果の表示です。上部に溶接断面と寸法図が作図されます。

```
隅肉溶接の必要長さ (材の接合角度90度)

■ 入力値
荷重 (P)       = 4465 N
脚長 (S)       = 6 mm
安全率 (safe)  = 100 %

■ 母材 SS400
許容曲げ応力度 (fb)   = 23500 N/cm^2 (短期)
許容せん断応力度 (fs)  = fb × √3 = 13500 N/cm^2 (短期)
※母材の許容応力度に準ずる(建築基準法施行令 第90条)

■ 必要溶接長さを求めます
のど厚 (a)            = S × √2 / 10 = 0.42 cm
```

```
必要有効長さ (Lw)  = ( P / a / fs ) / safe = 0.787 cm を上回る
必要実長さ L = S + Lw + S = 1.987 cm を上回る
※上記は、溶接長さが のど厚(a)の150倍以下の範囲内で有効です。
  また、1か所あたりの溶接長さは、脚長(S)の10倍 かつ40mm以上を原則とします。
※計算式および文言は、
  「溶接接合設計施工ガイドブック(日本建築学会)2008年」によります。
ACT&WORKS. https://www.actworks.biz/
作図画面の scale = 1 /5
文字巾×高さ = 4×4
```

計算結果は次のようになります。

必要溶接長さは1.987cm（※溶接長さは、有効長さに脚長×2を加えます）。

ガセットプレートの寸法から、溶接は200mm×2カ所（裏表）の長さがとれるのでOKと判断できます。

よって、すべての項目がOKとなりました。

ポイント

　この事例の梁は、H形鋼を普通に取り付ける方法では強さが足りませんでした。この判断は図面を描いているだけではできないかも知れません。「もたない」と作図中に判断ができれば、出戻りが減り無駄な時間と費用は激減します。本書では、理解を深めてもらおうとして細かい部分まで計算を紹介しましたが、支柱と梁の両端をクリックして主要部材を確かめるだけで判断できることは随分増えるのではないでしょうか。それを繰り返すことが、図面から危険を察知する目を養うことにもなると、経験上思うのです。

おわりに

　Jw_cadの外部変形から「単純梁_集中荷重」を選んで、何も書いてない真っ白な画面に、適当に3点クリックします。荷重1,000を入力し、【Enter】を押します。書き出し点をクリックします。

　やってみると、20秒ほどの作業です。画面には下の図が現れました。

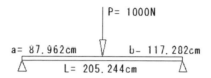

　適当にクリックしたので、梁の長さも荷重の位置も適当です。意味なくクリックしても必ずその答えを出してくれます。CADが計算してくれる気軽さはここにあります。20秒の手軽さです。結果が思っている数値と異なれば、もう一度やり直します。何度繰り返しても、文句も言わず嫌な顔もせず答えを返してくれるところがコンピューターの付き合いやすいところです。

　構造計算と聞くと「面倒な計算式や法律や約束事があるなぁ」と頭に浮かびます。ソフトには、計算に関する情報がパッケージ化されて組み込まれていますから、使うときには面倒はありません。CADで作図するとき、$\sin\theta$や$\cos\theta$など気にすることなく、斜め線や円弧の寸法を自由自在に記入できるのと同じです。

　本書の提案は「面倒は横において、手軽に計算結果を手にする方法」です。私の見るところ、腕組して考えるより、とりあえずボタンを押す人のほうが得るものが多くて速いようです。何度もソフトを使っていただき、計算法やその根拠などに興味が進むようでしたら、もう一度本書を読み直してもらえると大変に嬉しく思います。できるだけの資料を詰め込んでいます。そしてそれが、読者の皆さんが建築2次部材の構造計算を自在に操る一助となれば、幸せの極みです。

　最後に本書にご尽力頂いた方々に感謝を致します。編集の佐野知世子さんには前著からお世話になり、質問のやり取りで多くの気づきを頂きました。ありがとうございます。

　今後も多くの相談に応えてまいりたいと思います。

山本　満・四井茂一

参考図書および文献

- 『アルミニウム建築構造設計規準・同解説』国土交通省国土技術政策総合研究所・建築研究所監修、アルミニウム建築構造協議会、2016年
- 『安全・安心ガラス設計施工指針　増補版』日本建築防災協会編、日本建築防災協会、2014年
- 『応用力学〈静力学編〉』S.P.ティモシェンコ著、渡辺茂・三浦宏文訳、好学社、1999年
- 『改訂　材料力学要論』S.P.ティモシェンコ、D.H.ヤング著、前澤誠一郎訳、コロナ社、1972年
- 『各種合成構造設計指針・同解説』日本建築学会編、日本建築学会、2010年
- 『規基準の数値は「何でなの」を探る第2巻』寺本隆幸・大越俊男・和田章監修、建築技術、2015年
- 『軽鋼構造設計施工指針・同解説』日本建築学会編、日本建築学会、2002年
- 『建築応用力学　改訂版』小野薫・加藤渉共著、共立出版、1960年
- 『建築応用力学演習　理工文庫』定方哲著、理工図書、1959年
- 『建築構造力学演習　理工文庫』蜂巣進著、理工図書、1956年
- 『建築設備耐震設計・施工指針』建築設備耐震設計・施工指針2014年版編集委員会編、日本建築センター、2014年
- 『建築物荷重指針・同解説』日本建築学会編、日本建築学会、2015年
- 『鋼構造座屈設計指針』日本建築学会編、日本建築学会、2018年
- 『鋼構造設計規準—許容応力度設計法』日本建築学会編、日本建築学会、2005年
- 『鋼構造柱脚設計施工ガイドブック』日本建築学会編、日本建築学会、2017年
- 『構造学再入門 I　改訂三版』海野哲夫著、彰国社、1997年
- 『構造学再入門 II　改訂』海野哲夫著、彰国社、1982年
- 『構造学再入門 III　改訂』海野哲夫著、彰国社、1984年
- 『構造力学早わかり』海野哲夫著、彰国社、1972年
- 『構法計画パンフレット7　手摺』日本建築学会編、彰国社、1985年
- 『高力ボルト接合設計施工ガイドブック』日本建築学会編、日本建築学会、2016年
- 『材料力学史』S.P.ティモシェンコ、D.H.ヤング著、最上武雄監訳、川口昌宏訳、鹿島研究所出版会、1974年
- 『JIS A6601　低層住宅用バルコニー構成材及び手すり構成材』日本工業標準調査会
- 『実務者のための建築物外装材耐風設計マニュアル』日本建築学会編、日本建築学会、2013年
- 『小規模建築物基礎設計例集』日本建築学会編、日本建築学会、2011年
- 『ステンレス建材の手引き』ステンレス協会編、ステンレス協会、2010年
- 『住まいの安全学』宇野英隆・直井英雄著、講談社、1976年
- 『デザインデータブック』日本橋梁建設協会編、日本橋梁建設協会、2016年
- 『手摺の安全性に関する自主基準及び研究報告』日本金属工事業協同組合技術検討委員会著、日本金属工事業協同組合、2011年
- 『ねじ総合カタログ2018』東京鋲螺協同組合
- 『非構造部材の耐震設計施工指針・同解説および耐震設計施工要領』日本建築学会編、日本建築学会、2003年
- 『溶接接合設計施工ガイドブック』日本建築学会編、日本建築学会、2008年

著者紹介

山本満（やまもと　みつる）
有限会社アクト代表取締役社長。
国立岐阜工業高等専門学校建築学科卒業。複数の建築設計事務所に合計約8年勤務の後、一級建築士事務所有限会社アクトを設立。

四井茂一（しい　しげいち）
有限会社アクト取締役副社長。一級建築士。管理建築士。
大同工業大学建設工学科卒業。複数の建築設計事務所に合計約7年勤務の後、一級建築士事務所有限会社アクトを共同設立。2次部材等の構造アドバイスを行う。

有限会社アクト　　https://www.actworks.biz/

Jw_cadで始める　建築2次部材の構造計算
2019年3月20日　第1版　発　行

著　者	山　本　　満・四井茂一
発行者	下　　出　　雅　　徳
発行所	株式会社　彰　国　社

著作権者との協定により検印省略

自然科学書協会会員
工学書協会会員

Printed in Japan

Ⓒ山本満・四井茂一　2019年

ISBN 978-4-395-32124-7 C3052

162-0067　東京都新宿区富久町8-21
電話　03-3359-3231（大代表）
振替口座　00160-2-173401

印刷：壮光舎印刷　製本：中尾製本
http://www.shokokusha.co.jp

本書の内容の一部あるいは全部を、無断で複写（コピー）、複製、および磁気または光記録媒体等への入力を禁止します。許諾については小社あてご照会ください。